Mon cahier de SVT 5e

**Sous la direction de
André Duco**

Bruno Boucher
Ryem Boudjemaï
Anthony Chatelain
Carole Fouquet
Anne-Laure Laborie
Laurent Lafond
Romain Le Goff
Nina Michel-Lauret

Année scolaire : ....

Nom : ....

Prénom : ....

Classe : ....

Nathan

Les 17 objectifs de développement durable
Agir pour un monde en commun

« Parce que les épidémies, les conflits, les pollutions, le changement climatique ne s'arrêtent pas aux frontières... Parce que nous vivons dans un monde interconnecté où notre mode de vie, et dont notre façon de consommer, a un effet direct sur ce qui se passe à l'autre bout du monde... Parce que nous partageons le même avenir... Nous avons tous un rôle à jouer ! » (Agence Française de Développement)

Ce sont les 17 objectifs de développement durable définis par l'ONU.

Ils donnent la marche à suivre pour parvenir à un avenir meilleur et plus durable pour tous.

Ils répondent aux défis mondiaux auxquels nous sommes confrontés, notamment ceux liés à la pauvreté, aux inégalités, au climat, à la dégradation de l'environnement, à la prospérité, à la paix et à la justice.

Pour comprendre ces objectifs de développement durable, le cahier SVT 5e propose, en accord avec les nouveaux programmes de SVT de 2020, de nombreuses activités et des exercices qui s'y rapportent.

Pour aller plus loin :

www.un.org/sustainabledevelopment/fr/objectifs-de-developpement-durable

OBJECTIFS DE DÉVELOPPEMENT DURABLE

Compléments numériques

Des mini-liens pour accéder facilement aux compléments numériques de ce cahier.

➜ Toutes les expériences en vidéo

VIDÉO d'expérience **college.nathan.fr/svt55**

➜ Les schémas animés

SCHÉMA animé **college.nathan.fr/svt519**

➜ Des QCM autocorrectifs

QCM supplémentaires **college.nathan.fr/svt520**

➜ Des exercices supplémentaires pour s'entraîner

EXERCICES supplémentaires **college.nathan.fr/svt521**

Sommaire

Le vivant et son évolution

Éléments de biologie de la reproduction sexuée et asexuée

Le corps humain et la santé

Le devenir des aliments dans le tube digestif

Le fonctionnement de l'organisme lors d'un effort physique

La planète Terre, l'environnement et l'action humaine

Ressources naturelles, écosystèmes et activités humaines

Le fonctionnement externe de la Terre

ACCOMPAGNEMENT PERSONNALISÉ

J'APPRENDS À...

UNITÉ 1

La reproduction sexuée des êtres vivants

Des élèves se sont lancés dans l'élevage de phasmes et dans la culture de plants de pois. Quelques mois après le début de l'élevage, on compte des dizaines de phasmes dans l'élevage !

Formulons le problème

....

....

Observer le cycle de vie d'un animal : le phasme

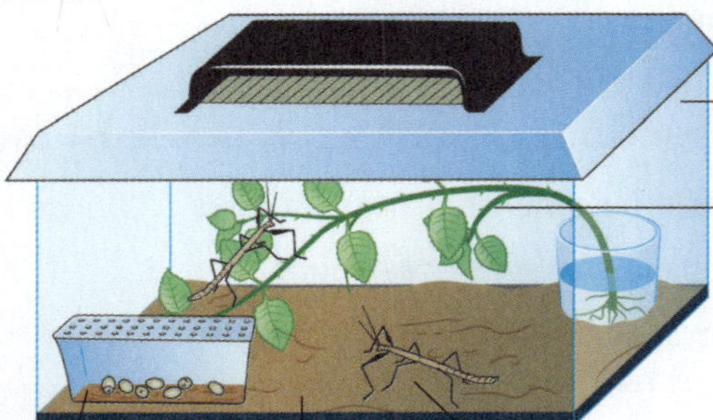

Doc. 1 Matériel et conseils pour l'élevage.

1 Retrouver les mécanismes qui ont permis l'apparition des nouveaux phasmes.

....

....

....

....

2 Réaliser le schéma du cycle de vie du phasme bâton.

Le phasme bâton du Vietnam

Cuniculina imbriga

→ **Groupe :** insectes

→ **Durée de vie :** 12 mois

→ **Alimentation :** feuillage frais (ronces en hiver)

Doc. 2 La reproduction sexuée du phasme.

Observer le cycle de vie d'une plante à fleurs : le pois

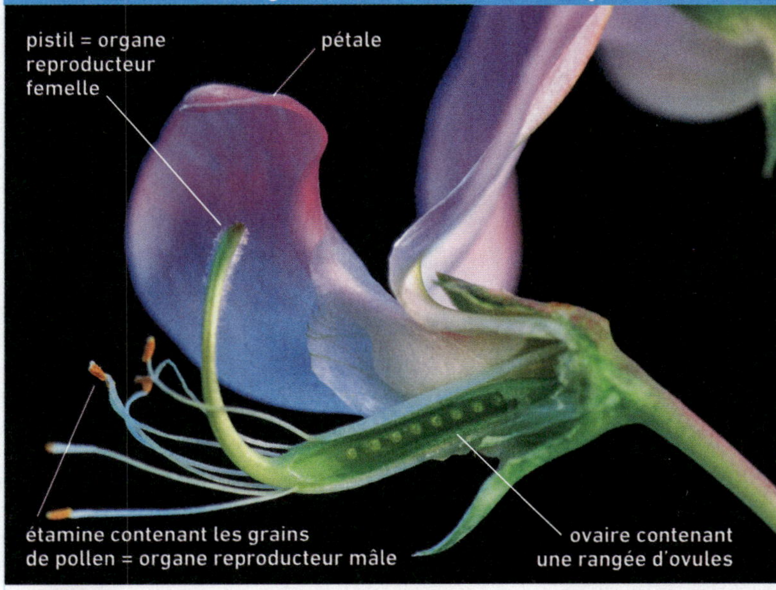

Doc. 3 **Fleur de pois (coupe transversale).**
Dissection de la feuille de pois. VIDÉO d'expérience college.nathan.fr/svt55

Doc. 4 **Graines de pois dans leur gousse.**

Le pois *Pisum sativum*
- **Groupe :** plantes à fleurs
- **Durée de vie :** 12 mois
- **Taille :** de 40 cm à 2 m
- **Floraison :** été
- **Fruit :** gousse qui contient les graines

3 Compléter le tableau ci-dessous.

Dispositif	Résultat	Interprétation
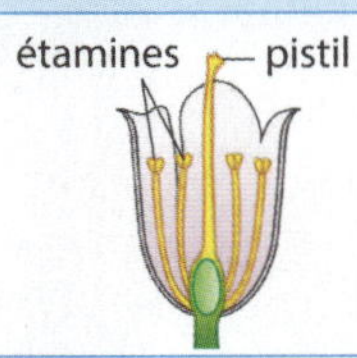 étamines, pistil	Le pistil se transforme en fruit contenant les graines.	....
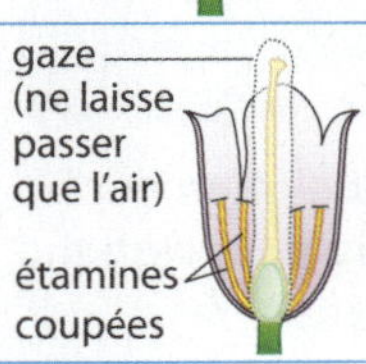 gaze (ne laisse passer que l'air), étamines coupées	Le pistil ne se transforme pas en fruit.	....
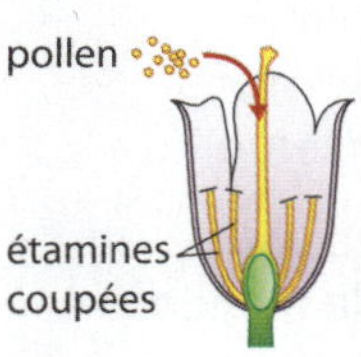 pollen, étamines coupées	Le pistil se transforme en fruit contenant les graines.	....

4 Réaliser le schéma du cycle de la vie du pois.

Les définitions

Cycle de vie : succession des étapes de la vie d'un individu de sa naissance à sa mort. Un nouveau cycle démarre grâce à la reproduction.

Reproduction sexuée : processus de formation de nouveaux individus à partir de la rencontre d'individus mâle et femelle ou d'organes reproducteurs mâle et femelle, de la même espèce.

Notion à retenir

5 En conclusion, rédiger une réponse au problème posé.

....

....

....

....

....

....

UNITÉ 2

Les modalités de la reproduction sexuée

Au sein d'une espèce, la reproduction sexuée fait intervenir deux individus adultes sexués pour former de nouveaux individus.

Formulons le problème

....

Réaliser une expérience de reproduction sexuée chez l'oursin

Doc. 1 Modalité de la reproduction sexuée chez l'oursin.
Cellules reproductrices (2 et 3), fécondation (4) et cellule-œuf (5).
Cette cellule-œuf se divise rapidement et devient un embryon.

L'oursin *Paracentrotus lividus*

- **Groupe :** échinodermes
- **Milieu de vie :** marin, vie fixée sur les rochers ou sur le fond. Peu de déplacements des individus.
- **Reproduction :** entre mai et septembre. Les mâles libèrent dans l'eau un liquide blanc et les femelles un liquide orange.

Réaliser une expérience

1. Placer un oursin mâle et un oursin femelle sur des récipients remplis à ras bord d'eau de mer.
2. Observer au microscope une goutte de liquide orangé libéré par un oursin femelle.
3. Observer au microscope une goutte de liquide blanchâtre libéré par un oursin mâle.
4. Mélanger sur une lame une goutte de chaque liquide et observer au microscope différents stades de la reproduction sexuée.

VIDÉO d'expérience college.nathan.fr/svt56

1 **Décrire les étapes de la reproduction sexuée chez l'oursin.**

....

....

....

....

Comprendre la reproduction sexuée chez la poule

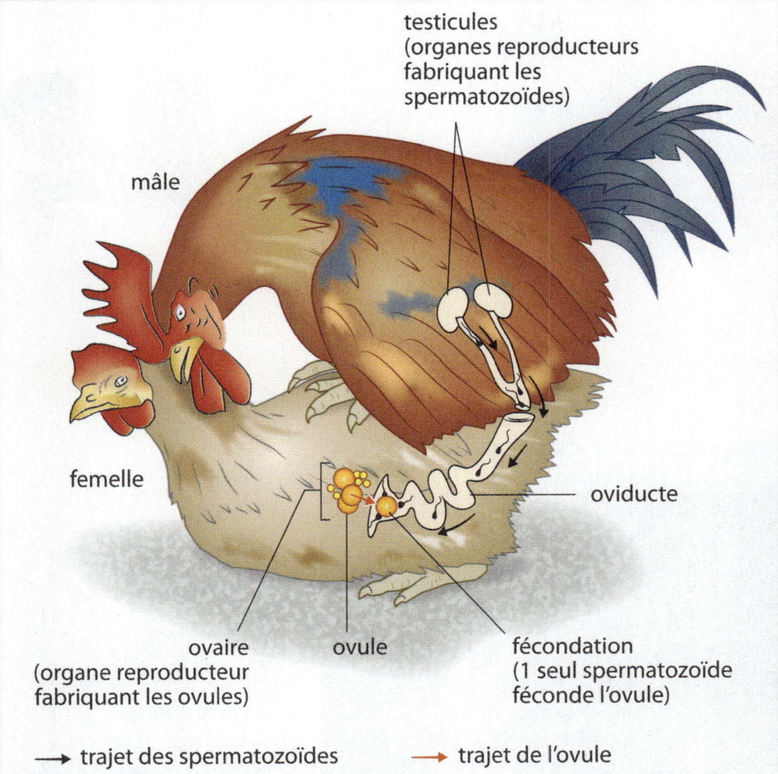

Doc. 2 Accouplement chez la poule.

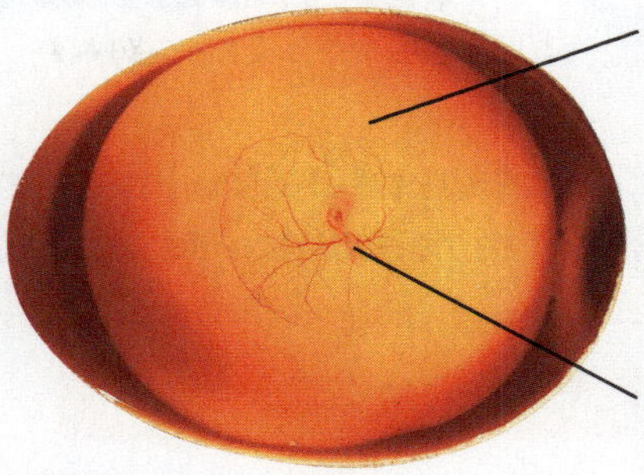

Doc. 3 Un œuf de poule 2 jours après la ponte. Après la fécondation, la cellule-œuf accumule des réserves et s'entoure d'une coquille.

Doc. 4 Éclosion d'un œuf de poule, 21 jours après la ponte.

2 **Compléter le tableau ci-dessous.**

	Points communs	Différences
Reproduction sexuée chez l'oursin et la poule	....	....

Les définitions

Cellule-œuf : cellule formée à l'issue d'une fécondation. En se divisant, la cellule-œuf est à l'origine d'un nouvel individu.

Cellule reproductrice ou gamète : cellule qui assure la fécondation (spermatozoïde et ovule).

Fécondation : union d'une cellule reproductrice mâle et d'une cellule reproductrice femelle.

Notion à retenir

3 **En conclusion, rédiger une réponse au problème posé.**

....

UNITÉ 3

Les mécanismes favorisant la reproduction sexuée

La fécondation peut être interne ou externe. Certains mécanismes favorisent la rencontre des gamètes et la fécondation.

Formulons le problème

....

Observer le rapprochement des individus sexués

Doc. 1 La reproduction chez le cerf. Au début de l'automne, à la tombée de la nuit, des meuglements rauques retentissent dans toute la forêt : c'est le brame du cerf. Par son cri, le mâle intimide ses concurrents et appelle les biches.

Le cerf
Cervus elaphus
- → **Groupe :** mammifères.
- → **Milieu de vie :** forêts tempérées.
- → **Reproduction :** fécondation interne après accouplement au début de l'automne.

L'orchidée abeille
Ophrys apifera
- → **Groupe :** plantes à fleurs
- → **Milieu de vie :** Europe, en-dessous de 1 000 m d'altitude
- → **Floraison :** printemps
- → **Reproduction :** fécondation interne

Doc. 2 La reproduction chez les orchidées du genre Ophrys. La fleur produit des substances chimiques imitant l'odeur de l'abeille femelle, et sa forme rappelle la silhouette d'une abeille. Les bourdons mâles sont induits en erreur et s'accouplent donc avec la fleur. Les grains de pollen tombent alors sur la tête de ces bourdons et se déposeront ensuite sur le pistil d'autres fleurs lors de leur visite (pollinisation).

1 Compléter le tableau.

Exemple étudié	Mécanisme(s) favorisant la reproduction sexuée
Cerf	....
Orchidée abeille	....

Observer le rapprochement des cellules reproductrices

2 Légender la photo du lis.

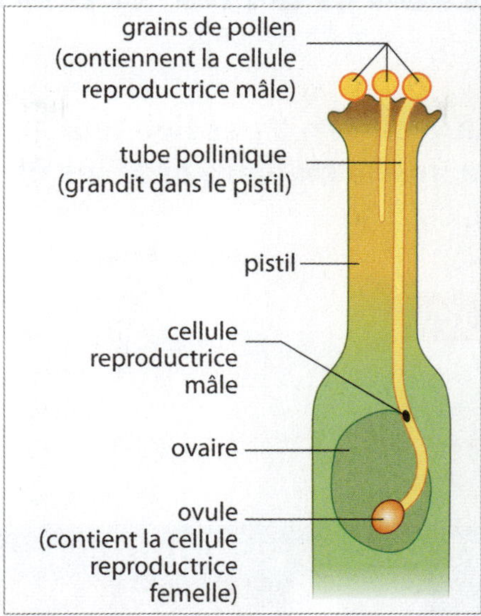

Doc. 3 La fécondation chez le lis.

Doc. 4 Grains de pollen sur le sommet du pistil.

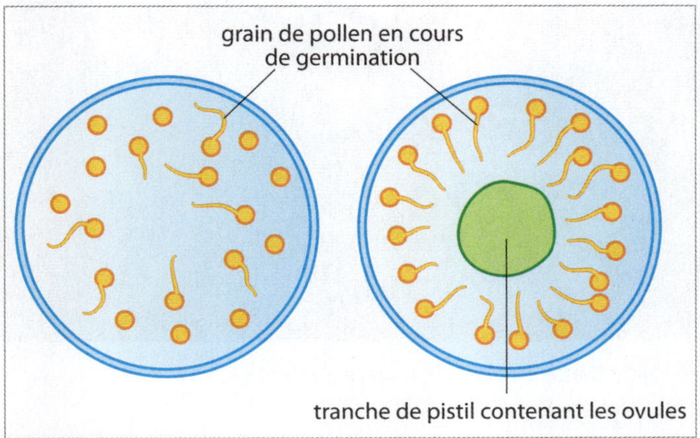

Doc. 5 Grains de pollen avec tube pollinique en croissance.

Réaliser une expérience

1. Préparer deux boîtes de Pétri avec un milieu nutritif gélosé.
2. Dans l'une des boîtes, placer une fine tranche de pistil.
3. Secouer des fleurs épanouies au-dessus des deux boîtes de Pétri pour y faire tomber des grains de pollen.
4. Placer les boîtes en atmosphère humide dans une étuve à une température de 26 °C pendant 2 h et observer.

VIDÉO d'expérience college.nathan.fr/svt59

3 Décrire les résultats de l'expérience.

....

....

....

Notion à retenir

4 En conclusion, rédiger une réponse au problème posé.

....

....

....

....

....

UNITÉ 4

Reproduction sexuée et conditions du milieu

La reproduction des êtres vivants n'a pas lieu tout au long de l'année et ne se déroule pas de la même manière pour les êtres vivants aquatiques ou terrestres.

Formulons le problème

....

Mettre en relation ressources alimentaires et reproduction sexuée

Doc. 1 Une chenille de la pyrale du buis en train de grignoter une feuille.

Doc. 2 Mésange bleue en train de nourrir ses petits.

La chenille de la pyrale du buis

Cydalima perspectabilis

- **Groupe :** insectes
- **Milieu de vie :** terrestre
- **Reproduction :** accouplement en été et fécondation interne. L'espèce est ovipare.
- **Fécondité :** juste après l'accouplement, la femelle papillon dépose ses œufs sous forme de petits paquets, elle dépose entre 800 et 1200 œufs sur les feuilles.

La mésange bleue

Cyanistes caeruleus

- **Groupe :** oiseau
- **Milieu de vie :** terrestre
- **Reproduction :** accouplement en été et fécondation interne. L'espèce est ovipare.
- **Fécondité :** la nidification a lieu essentiellement d'avril à juin, une période où les premiers papillons de la pyrale commencent à faire leur apparition pour pondre dans les buis.
- **Alimentation :** les mésanges se nourrissent de chenilles. Les oisillons restent au nid pendant 3 semaines, ce qui représente pour un couple de mésanges, 7000 chenilles à dénicher pour les apporter aux oisillons affamés.

1 À partir des documents, proposez une explication au phénomène suivant :
« Au printemps et à l'été 2017, dans les régions où les buis étaient fortement attaqués par la pyrale, les mésanges bleues ont eu plus de petits que les autres années ».

....
....
....
....
....
....

Mettre en relation conditions du milieu de vie et reproduction sexuée

Le merle noir *Turdus merula*

- → **Groupe :** oiseaux
- → **Milieu de vie :** terrestre
- → **Reproduction :** accouplement, puis fécondation interne. L'espèce est ovipare.
- → **Fécondité :** 3 à 5 œufs sont couvés deux semaines. 3 pontes maximum dans l'année. Le taux de survie des nids en Île-de-France est de 53 % à cause de la destruction des nids, de la prédation, des hivers rudes, etc.

La grenouille rousse *Rana temporaria*

- → **Groupe :** anoures (amphibiens)
- → **Milieu de vie :** terrestre et aquatique
- → **Reproduction :** accouplement dans un point d'eau. Le mâle fertilise les œufs en même temps que la femelle les produit. Les œufs contiennent une substance qui les protège du dessèchement et nourrit l'embryon.
- → **Fécondité :** entre 700 et 4000 œufs produits, mais 99 % de perte entre les œufs, les têtards et les jeunes adultes à cause de la prédation, de la pollution et du dessèchement.

Doc. 3 Un merle noir.

Doc. 4 Une grenouille rousse.

2 Compléter le tableau comparant les modalités de différents types de reproduction sexuée.

	Merle noir	Grenouille rousse
Milieu de reproduction	....	....
Lieu de la fécondation	....	....
Nombre de descendants	....	....
Protections de l'embryon	....	....
Taux de perte	....	....
Causes des pertes	....	....

Les définitions

Fécondité : nombre moyen de descendants par portée.

Ovipare : espèce dont la femelle pond des œufs.

Notion à retenir

3 En conclusion, rédiger une réponse au problème posé.

....

....

....

....

....

....

....

UNITÉ 5

Les modalités de la reproduction asexuée

Certains êtres vivants peuvent se reproduire sans faire intervenir de cellules reproductrices : c'est la reproduction asexuée.

Formulons le problème

....

S'informer sur la reproduction asexuée chez les végétaux

Doc. 1 La plante araignée. De multiples plantules se développent à partir de la plante mère.

La plante araignée

Chorophytum comosum

- **Règne :** végétal
- **Groupe :** plantes à fleurs
- **Milieu de vie :** terrestre
- **Origine :** Afrique orientale et du Sud
- **Reproduction asexuée :** la plante mère porte de jeunes plantules à l'extrémité de tiges secondaires (ou stolons). Ces plantules peuvent s'enraciner et donner de nouveaux individus.

Doc. 2 Le cycle de vie de la pomme de terre.

La pomme de terre *Solanum tuberosum*

- **Règne :** végétal
- **Groupe :** plantes à fleurs
- **Origine :** Amérique du sud
- **Reproduction asexuée :** la plante mère développe des tiges souterraines dont certaines parties accumulent des réserves pour l'hiver, les tubercules. Au printemps, un tubercule peut donner naissance à un nouveau plant de pomme de terre.

1 **Expliquer comment les deux espèces végétales présentées forment de nouveaux individus sans faire intervenir de cellules reproductrices.**

....

....

....

....

....

....

....

....

....

S'informer sur la reproduction asexuée chez les animaux

L'anémone de mer

Anthopleura elegantissima

➜ **Règne :** animal
➜ **Groupe :** cnidaires
➜ **Milieu de vie :** fixée, aquatique
➜ **Reproduction asexuée :** par partage de l'individu initial qui forme deux nouveaux individus.

Doc. 3 Anémone de mer se divisant en deux nouveaux individus.

L'hydre d'eau douce

Hydra vulgaris

➜ **Règne :** animal
➜ **Groupe :** cnidaires
➜ **Milieu de vie :** fixée, aquatique
➜ **Reproduction asexuée :** pendant la belle saison, les hydres se reproduisent par bourgeonnement. Les bourgeons apparaissent sous la zone de croissance et « glissent » progressivement vers le pied de l'hydre mère, au fur et à mesure de leur croissance. Quand la nouvelle hydre a terminé sa formation, elle se détache de sa « mère » et se fixe plus loin sur une autre plante.

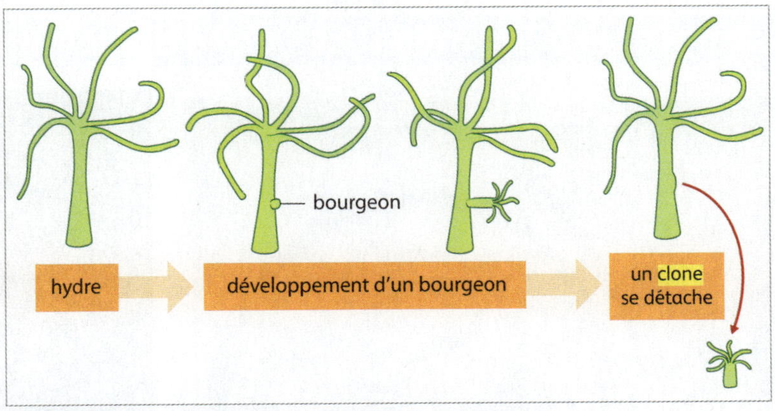

Doc. 4 Hydre d'eau douce en train de bourgeonner.

2 **Expliquer comment les deux espèces animales présentées forment de nouveaux individus sans faire intervenir de cellules reproductrices et définir ce qu'est la reproduction asexuée.**

....

....

....

....

....

Les définitions

- **Asexuée** : espèce ne comportant pas d'individus sexués.
- **Bourgeon** : structure contenant les cellules nécessaires pour la production d'un nouvel organe ou d'un nouvel individu.
- **Clone** : individu identique à celui qui l'a produit.

Notion à retenir

3 **En conclusion, rédiger une réponse au problème posé.**

....

....

....

....

....

UNITÉ 6

La dissémination des nouveaux individus

Les végétaux et de nombreux animaux vivent de manière fixée à leur milieu, et pourtant leur descendance peut coloniser de nouveaux milieux en étant disséminée.

Formulons le problème

....

Comprendre les modalités de la dissémination de deux espèces fixées

Larve de l'huître creuse

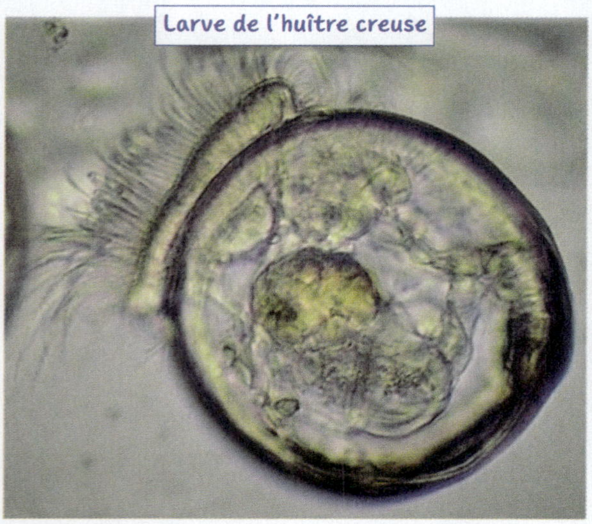

Huîtres adultes accrochées aux rochers

Doc. 1 La dissémination de l'huître.

L'huître creuse *Crassostrea gigas*

- **Règne :** animal
- **Groupe :** mollusque
- **Milieu de vie :** fixé, aquatique
- **Cycle de vie :** Chaque huître libère entre environ 20 et 100 millions d'ovules. Après la fécondation, les cellules-œufs deviennent des larves nageuses qui, transportées par les courants finissent par se fixer puis se développer.

Doc. 2 La dissémination du pissenlit.

Le pissenlit *Taraxacum officinale*

- **Groupe :** plantes à fleurs
- **Milieu de vie :** fixé, terrestre
- **Cycle de vie :** au printemps, la pollinisation suivie de la fécondation donne naissance à des fruits munis d'un parachute duveteux. Très légers, ils peuvent être disséminés par le vent sur des distances parfois supérieures à 1 km et s'enfoncent dans le sol. Les graines accrochées sous le parachute germent lorsque les conditions sont bonnes.

1 **Expliquer comment les deux espèces présentées facilitent la dissémination de leur descendance.**

....

....

....

....

....

....

....

13 MESURES RELATIVES À LA LUTTE CONTRE LES CHANGEMENTS CLIMATIQUES

Comprendre comment une espèce peut devenir envahissante

Doc. 3 Un nouveau poisson sur nos côtes.

La girelle-paon

Thalassoma pavo

→ **Règne :** animal
→ **Groupe :** poissons osseux
→ **Milieu de vie :** aquatique
→ **Reproduction :** la girelle-paon mesure généralement entre 10 et 20 cm. Elle vit en eaux côtières, entre 0 et 30 m de profondeur. Elle préfère les fonds rocheux et les eaux dont la température dépasse 25 °C en été. La reproduction a lieu de juin à octobre : les mâles choisissent un territoire sur une crête rocheuse vers 5 m de profondeur, et tentent d'y attirer des femelles. La compétition entre mâles pour les territoires est féroce car les femelles choisissent plutôt un territoire qu'un mâle particulier. Quand une femelle a choisi un territoire, elle pond des ovules en pleine eau que vient alors féconder le mâle.

La température moyenne annuelle de la Méditerranée s'est élevée d'environ 1 °C depuis 1995. Les modèles scientifiques d'évolution du climat prédisent un réchauffement climatique global de 2,5 °C d'ici à 2050.

Doc. 4 Évolution de la température moyenne annuelle selon les scientifiques.

Avant 1988	En 1988	En 1993
0	1	10

Doc. 5 Densité (par unité de surface) de la girelle paon dans la réserve marine de Scandola (Corse).

2 **Jusqu'au milieu des années 1980, la girelle-paon n'occupait que les eaux du sud de la Méditerranée. Formuler une hypothèse pour expliquer sa dissémination vers les côtes françaises.**

....
....
....
....
....
....
....

Les définitions

Dissémination : action de disperser, de répandre de nouveaux individus dans un milieu de vie.

Réchauffement climatique global : réchauffement du climat de la Terre entière avec des augmentations de températures moyennes annuelles prévues comprises entre 3 et 6 °C d'ici à 2100.

Notion à retenir

3 **En conclusion, rédiger une réponse au problème posé.**

....
....
....
....
....

UNITÉ 7 Biotechnologie et reproduction asexuée

Les horticulteurs et les producteurs de végétaux ont des techniques pour multiplier de nombreuses plantes sans semer de graines donc sans utiliser la reproduction sexuée.

Formulons le problème

....

....

S'informer sur des techniques anciennes de multiplication

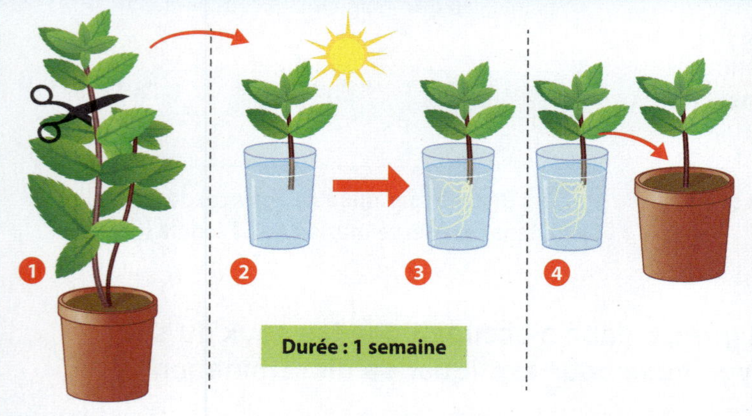

Doc. 1 **Étapes du bouturage de la menthe.**

Menthe verte *Mentha spicata*
- → **Règne :** végétal
- → **Groupe :** plantes à fleurs
- → **Milieu de vie :** fixé, terrestre

Réaliser une expérience

1. Couper une jeune tige de menthe avec des ciseaux désinfectés à l'alcool.
2. Placer la tige coupée dans un verre d'eau exposé au Soleil.
3. Attendre une semaine que la tige forme de nouvelles racines.
4. Planter ce nouveau pied de menthe dans de la terre dans un pot.

VIDÉO d'expérience college.nathan.fr/svt516

Doc. 2 **Marcottage du framboisier.** Sélectionner un rameau suffisamment flexible et long pour qu'il puisse être courbé jusqu'à toucher le sol à son extrémité, effeuiller ce rameau puis creuser un trou et placer et enfoncer la partie de la tige sur 10 cm. Reboucher le trou avec un terreau et accrocher l'extrémité de la tige à un tuteur. Arroser. La tige enfoncée dans le sol formera des racines.
Au bout de quelques semaines, couper la tige mère pour obtenir un nouveau pied de framboisier.

Le framboisier *Rubus ideaus*
- → **Règne :** végétal
- → **Groupe :** plantes à fleurs
- → **Milieu de vie :** fixé, terrestre

1 **Expliquer comment le bouturage et le marcottage permettent d'obtenir de nouvelles plantes sans graines.**

....

....

....

....

....

....

....

....

....

Comprendre des biotechnologies récentes

Doc. 3 Plant en fleur de *Cylindrocline lorencei*

Cylindrocline lorencei

- ➜ **Règne :** végétal
- ➜ **Groupe :** plantes à fleurs
- ➜ **Milieu de vie :** terrestre
- ➜ **Reproduction :** la Cylindrocline se reproduit grâce à ses graines, mais le dernier endroit sur l'île Maurice en contenant fut totalement détruit du fait de la déforestation. La plante fut considérée comme éteinte en culture et en nature dès 1990.

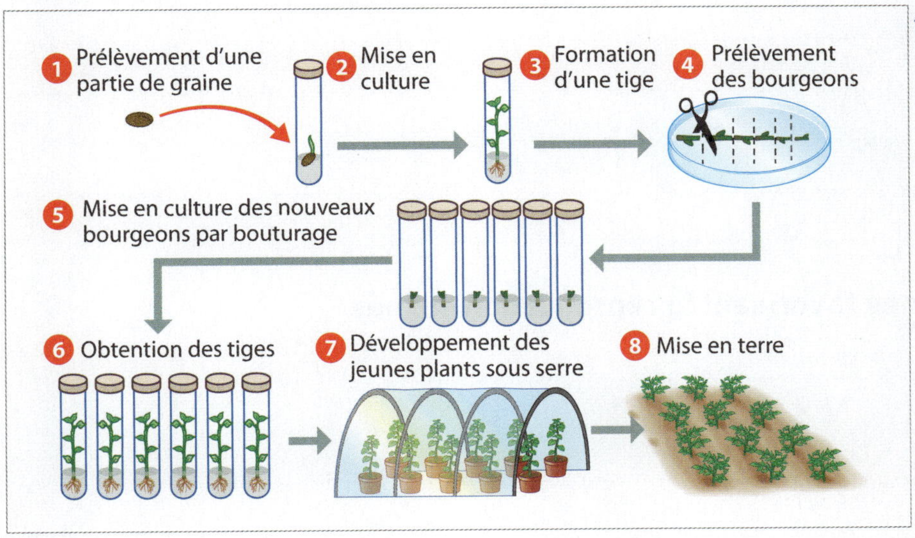

Doc. 4 La reproduction d'une plante par multiplication in vitro.
Au conservatoire de Brest, quelques graines conservées ont été semées mais elles n'ont pas germé.
Les botanistes ont alors prélevé des parties encore vivantes de ces graines et les ont cultivées in vitro. En 2006, plus de 200 plants vivaient en pots au conservatoire et c'est à partir de ce moment que la réimplantation à Maurice a pu être envisagée. Aujourd'hui, plusieurs espèces sont en cours de réintroduction.

2 La Cylindrocline est en train d'être réintroduite sur l'île Maurice où elle avait disparu. Montrer que la multiplication in vitro de cette plante est bien une reproduction asexuée.

....

....

....

....

....

Les définitions

Biotechnologie : application de la technologie aux organismes vivants pour obtenir des produits.

Bouturage : technique consistant à donner naissance à un nouvel individu (individu enfant de la plante mère) à partir d'un organe ou d'un fragment d'organe isolé (morceau de rameau, feuille, racine, tige).

Notion à retenir

3 En conclusion, rédiger une réponse au problème posé.

....

....

....

....

....

....

BILAN Éléments de biologie de la reproduction sexuée et asexuée

Objectif du chapitre

Expliquer et comprendre les mécanismes de reproduction et l'influence de l'environnement.

Formuler les notions clés

UNITÉS 1 ET 2 ▶ La reproduction sexuée des êtres vivants

UNITÉ 3 ▶ Les mécanismes favorisant la reproduction sexuée

UNITÉ 4 ▶ Reproduction sexuée et conditions du milieu

UNITÉ 5 ▶ Les modalités de la reproduction asexuée

UNITÉ 6 ▶ La dissémination des nouveaux individus

UNITÉ 7 ▶ Biotechnologie et reproduction asexuée

Retenir par l'image

SCHÉMA animé college.nathan.fr/svt519

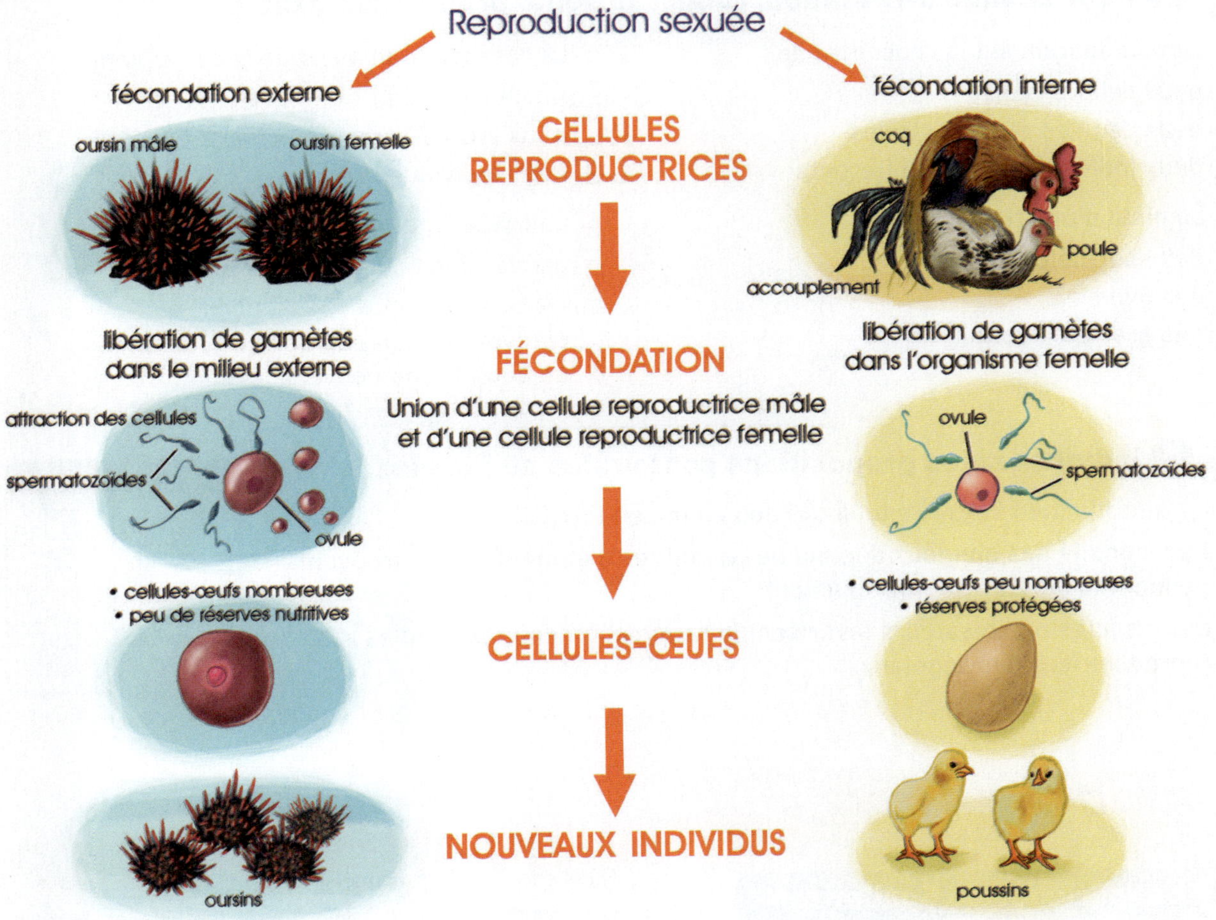

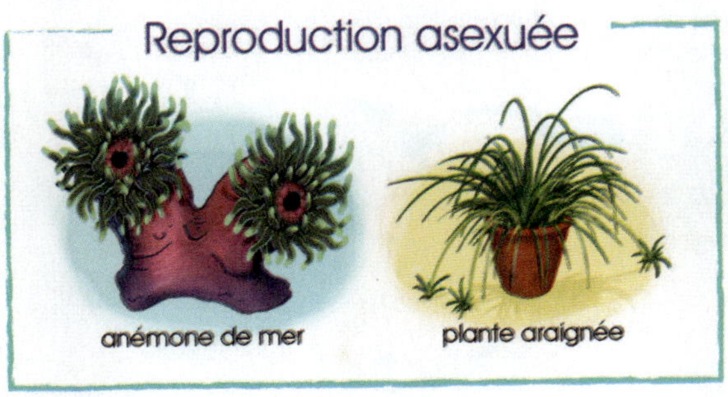

Formuler un résumé du chapitre

....

....

....

....

....

....

Exercices

Tester ses connaissances

QCM supplémentaires college.nathan.fr/svt520

QCM

1 Pour chaque affirmation, cocher la seule proposition exacte.

a. La fécondation est la rencontre de :
- ☐ deux cellule-œufs
- ☐ deux cellules reproductrices
- ☐ deux individus de sexe différents

b. Le pistil d'une fleur contient :
- ☐ des spermatozoïdes
- ☐ des ovules
- ☐ des grains de pollen

c. La reproduction asexuée fait intervenir :
- ☐ un seul individu
- ☐ deux individus du même sexe
- ☐ deux individus sans sexe

d. Le bouturage consiste à :
- ☐ greffer des bourgeons sur une tige
- ☐ aider les fleurs à se polliniser
- ☐ cultiver un morceau de plante pour en obtenir une nouvelle

VRAI FAUX

2 Indiquer si les propositions sont vraies ou fausses.

	Vrai	Faux
a. La reproduction sexuée a toujours lieu en milieu terrestre.	☐	☐
b. La fécondité des animaux dépend des quantités d'aliments qu'ils trouvent pendant la période de reproduction.	☐	☐
c. Les insectes pollinisateurs favorisent le rapprochement des cellules reproductrices des végétaux.	☐	☐

Utiliser ses connaissances

3 L'expérience de Spallanzani

Lazzaro Spallanzani (1729-1799)

Ce scientifique italien pensait que le nouvel individu préexistait dans la cellule reproductrice femelle: l'ovule. Il effectua une série d'expériences pour vérifier cette hypothèse.

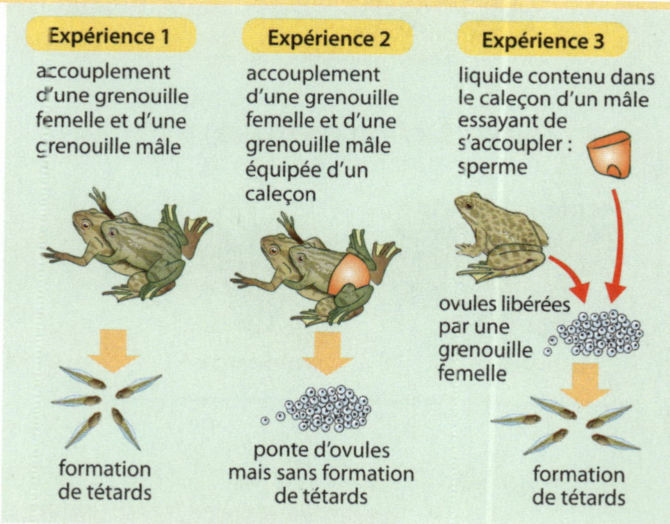

1. Qu'est-ce que Spallanzani souhaitait vérifier en mettant des caleçons aux mâles (expérience 2) ?

....

....

....

....

....

2. Nommer le mécanisme mis en évidence par Spallanzani dans l'expérience.

....

....

Approfondir

4 Reproduction de la daphnie

La daphnie est un petit crustacé d'eau douce qui vit dans les étangs, les lacs ou les mares. Elle se nourrit de phytoplancton, algue verte unicellulaire. Le phytoplancton est principalement abondant au printemps, puis sa quantité diminue à partir de l'été.

On peut observer par transparence le nombre d'œufs portés par une daphnie. On remarque que les daphnies portent de nombreux œufs au printemps, puis de moins en moins en été. En automne, seules quelques daphnies portent des œufs, d'aspect différent.

Doc. 1 **La daphnie.**

Aquarium A : 20 °C, phytoplancton abondant

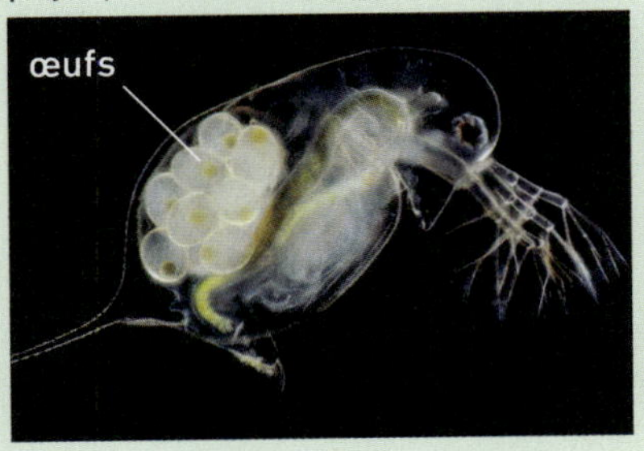

Mode de production des œufs : reproduction asexuée

Aquarium B : 20 °C, phytoplancton rare

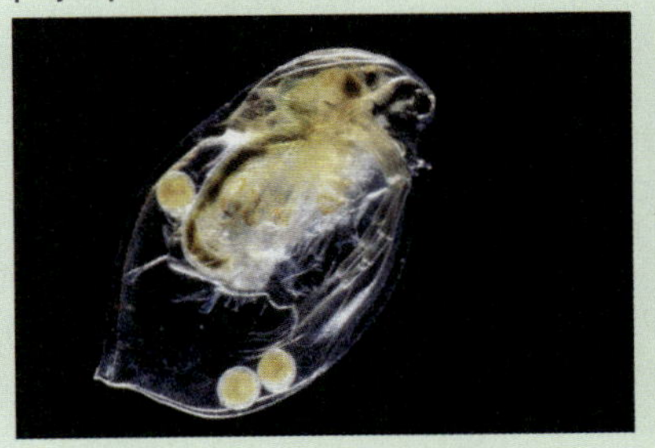

Mode de production des œufs : reproduction asexuée

Aquarium C : 16 °C, phytoplancton rare

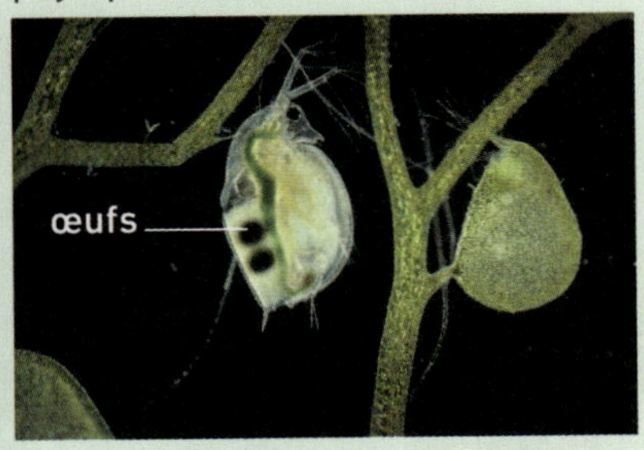

Mode de production des œufs : reproduction sexuée

Doc. 2 **Des expériences réalisées en laboratoire.** Des chercheurs ont élevé des daphnies dans différentes conditions. Ils observent ensuite les œufs portés par les daphnies.

CONSIGNE **En exploitant les documents, rédiger un texte argumenté pour expliquer les variations du nombre et du type d'œufs portés par les daphnies au cours des saisons.**

1. **Commence d'abord par proposer des hypothèses en utilisant les informations du document 1.**

....

....

....

....

....

....

....

2. **Explique ensuite les variations du nombre d'œufs des daphnies en utilisant le document 2.**

....

....

....

....

....

EXERCICES supplémentaires college.nathan.fr/svt521

UNITÉ 8

Des besoins alimentaires variables

Olivia participe à une épreuve de marathon. Giovanni n'a pas terminé sa croissance. Léo doit aller passer plusieurs mois au Canada. On leur conseille des alimentations adaptées à chaque situation personnelle.

Formulons le problème

....

Identifier les manifestations liées à l'activité de l'organisme

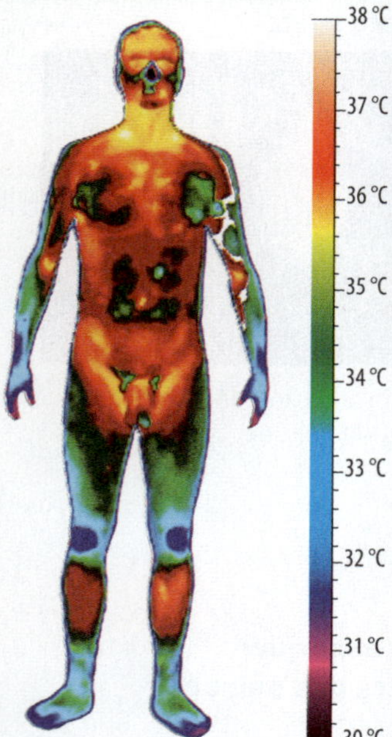

Doc. 1 Thermographie d'une personne au réveil. La thermographie est une technique permettant d'obtenir l'image thermique d'un corps. La température extérieure est de 27 °C.

Doc. 2 Le « mur du marathon » est un moment où le coureur se sent à court d'énergie. Cela correspond à un épuisement de ses réserves de glucides, à partir desquelles les muscles produisent l'énergie nécessaire pour produire un mouvement. Ce « mur » peut être repoussé par une alimentation riche en glucides avant la course.

	Globules rouges (ou hématies)	Cellules de la paroi de l'intestin grêle	Os
Type de cellule ou de tissu	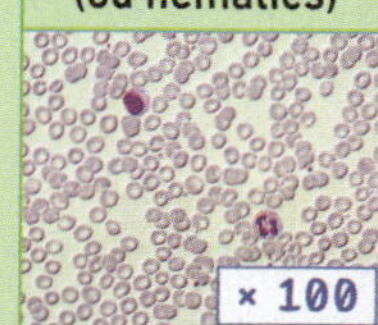 × 100	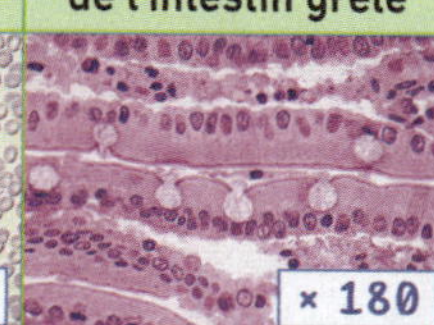 × 180	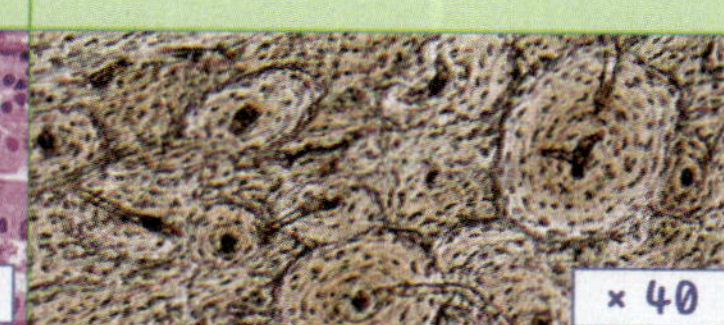 × 40
Temps de renouvellement	120 jours	4 jours	5 ou 6 mois pour le fémur
Besoin particulier	Fer pour produire l'hémoglobine	Glutamine, un acide aminé	Calcium pour constituer l'os. La vitamine D permet de maintenir une quantité de calcium suffisante dans le sang pour cela.

Doc. 3 Le renouvellement cellulaire. Les 30 000 milliards de cellules du corps humain, de 200 types différents, se renouvellent en permanence, à tous les âges de la vie, ce qui nécessite des matières premières issues des nutriments (glucides, lipides, protéines) et de l'énergie.

1 À partir de chaque doc. 1 à 3, citer un exemple d'activité au sein de l'organisme.

....

....

2 En déduire les besoins de l'organisme pour réaliser ces activités. Vous pourrez vous aider du doc. 4 pour votre réponse.

....

....

....

Quantifier les besoins en énergie de l'organisme

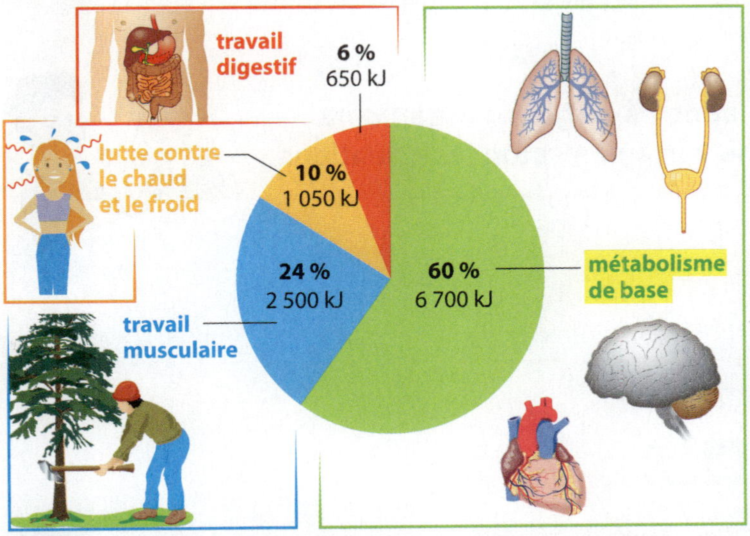

Doc. 4 Les besoins énergétiques journaliers d'un individu.
L'unité de mesure de l'énergie est le joule, on utilise le plus souvent le kilojoule, noté kJ.

Sexe	Âge	Besoins énergétiques moyens (en kJ/jour)
F	6	6 200
F	12	8 360
F	17	11 900
F	30	8 360
F	70	7 500
H	6	6 700
H	12	9 100
H	17	12 100
H	30	10 700
H	70	9 000

Doc. 5 Les besoins énergétiques moyens.
Pour les femmes enceintes, les besoins énergétiques supplémentaires sont de 2 100 kJ par jour en fin de grossesse.

Doc. 6 Les besoins énergétiques dans différentes situations.

3 Citer les paramètres faisant varier les besoins énergétiques d'un individu.

....

....

....

....

....

Les définitions

Vitamine : substance sans valeur énergétique mais indispensable au fonctionnement de l'organisme, efficace à faible dose.

Métabolisme de base : besoin énergétique incompressible de l'organisme, permettant son fonctionnement minimal (sans travail digestif, sans lutte contre le froid ou le chaud et sans travail musculaire).

Notion à retenir

4 En conclusion, rédiger une réponse au problème posé.

....

....

....

....

....

UNITÉ 9 Les bases d'une alimentation équilibrée

**Les aliments apportent de la matière et de l'énergie à l'organisme.
Par ailleurs, l'organisme a des besoins variables selon les situations.**

Formulons le problème

....

Comprendre l'équilibre alimentaire

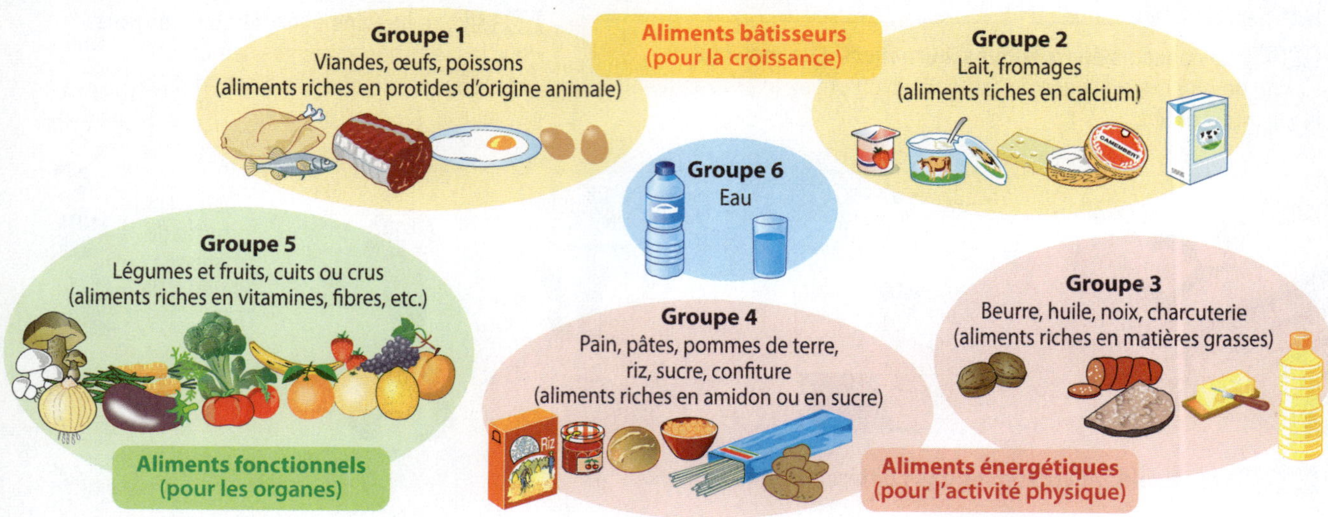

Doc. 1 Les trois catégories d'aliments : **fonctionnels**, **bâtisseurs** et **énergétiques**. Une alimentation équilibrée doit comprendre chaque catégorie d'aliment pour couvrir les différents besoins. Une **carence** est l'absence ou insuffisance en un élément nécessaire.

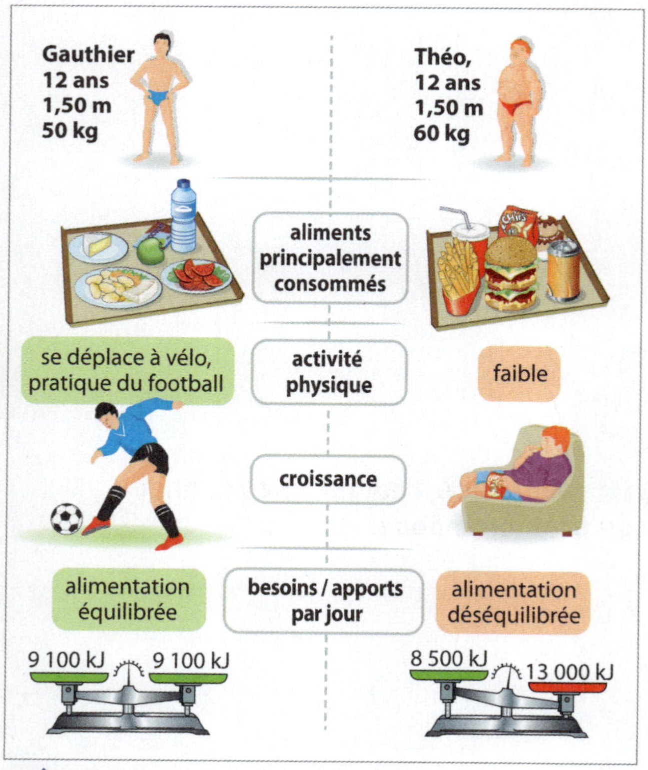

Doc. 2 Alimentation et modes de vie.

1 **En comparant les modes de vie de Gauthier et de Théo, expliquer en quoi l'un a une alimentation équilibrée et l'autre non sur le plan énergétique.**

....

....

....

....

....

....

....

....

....

3 BONNE SANTÉ ET BIEN-ÊTRE

Observer la diversité des régimes alimentaires

Doc. 3 **Quatre plateaux repas de cantine correspondant à différents régimes alimentaires.**
1 Grèce 2 Brésil 3 Finlande 4 France

Utiliser un logiciel

1. Ouvrir le logiciel Equil'al.

LOGICIEL college.nathan.fr/svt525-1

2. Saisir vos caractéristiques (Genre, Age, Masse et Taille).
3. Noter la valeur proposée pour votre métabolisme de base.
4. À partir des listes d'aliments proposées, saisir la liste des aliments que vous consommez au cours d'une journée.
5. Lorsque vous avez terminé, cliquer sur Saisie terminée pour comparer votre ration avec vos besoins quotidiens, sur le plan énergétique comme sur le plan des catégories d'aliments.
6. Revenir en arrière pour ajuster votre ration à vos besoins.

VIDÉO d'expérience college.nathan.fr/svt525-2

2 **Les plateaux de cantine correspondent-ils à une alimentation équilibrée sur le plan des catégories d'aliments présents ?**

Les définitions

Aliments bâtisseurs : nécessaires à la formation de l'ossature et au développement de la masse musculaire de notre organisme.

Aliments énergétiques : fournissent de l'énergie pour les cellules de l'organisme, mais également des substances de réserve.

Aliments fonctionnels : apportent fibres, minéraux et vitamines ; sont protecteurs et nécessaires au bon fonctionnement de notre organisme.

Régime alimentaire : nature des aliments dont se nourrit un être vivant.

Notion à retenir

3 **En conclusion, rédiger une réponse au problème posé.**

UNITÉ 10

Déséquilibres alimentaires et maladies nutritionnelles

TÂCHE COMPLEXE

Situation déclenchante

Tom et Adrien veulent savoir si leur conduite alimentaire est parfaitement adaptée aux besoins de leur organisme. Ils décident de consulter leur médecin traitant.

Tâche à réaliser

Expliquer à Tom et Adrien les conséquences de leur conduite alimentaire et les risques éventuels encourus par leur organisme.

Documents de travail

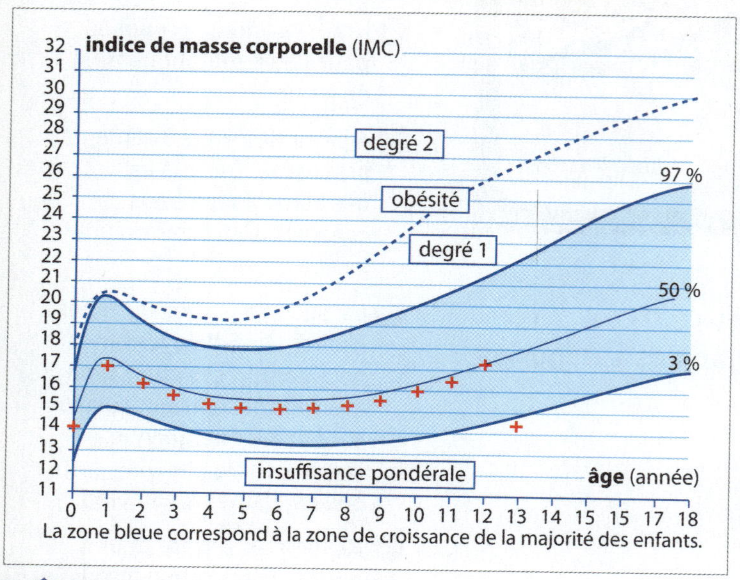

Doc. 1 Courbe de suivi de corpulence extraite du carnet de santé de Tom.

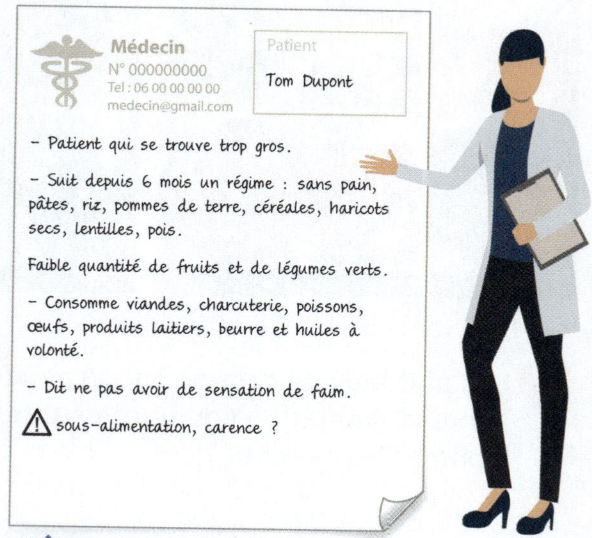

Médecin
N° 000000000
Tel : 06 00 00 00 00
medecin@gmail.com

Patient
Tom Dupont

- Patient qui se trouve trop gros.
- Suit depuis 6 mois un régime : sans pain, pâtes, riz, pommes de terre, céréales, haricots secs, lentilles, pois.

Faible quantité de fruits et de légumes verts.

- Consomme viandes, charcuterie, poissons, œufs, produits laitiers, beurre et huiles à volonté.
- Dit ne pas avoir de sensation de faim.

⚠ sous-alimentation, carence ?

Doc. 2 Extrait des notes du médecin consulté par Tom.

Biochimie

Dosage ferritine* : 17 µg/l

Valeur normale > 25 µg/l

Doc. 3 Extrait de l'analyse sanguine de Tom.

*Ferritine : protéine dont le dosage mesure indirectement la quantité de fer (qui intervient dans la constitution de l'hémoglobine) nécessaire au transport du dioxygène dans le sang.

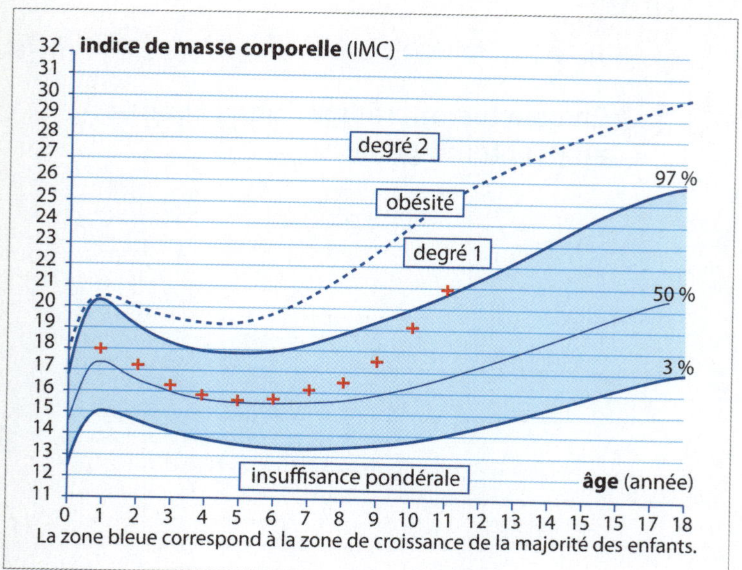

Doc. 4 Courbe de suivi de corpulence extraite du carnet de santé d'Adrien.

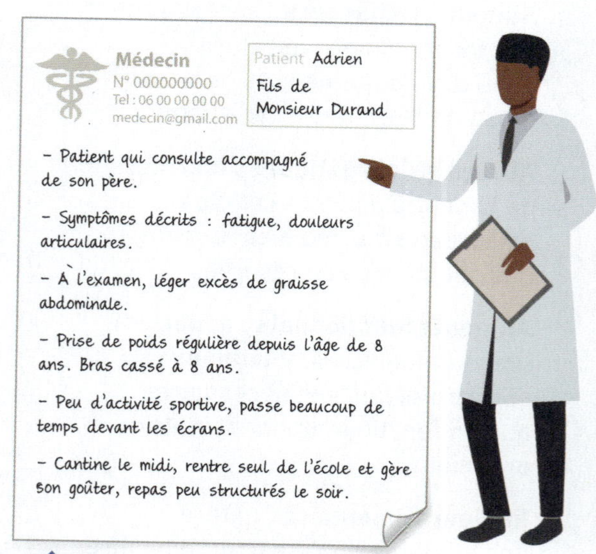

Médecin
N° 000000000
Tel : 06 00 00 00 00
medecin@gmail.com

Patient Adrien
Fils de Monsieur Durand

- Patient qui consulte accompagné de son père.
- Symptômes décrits : fatigue, douleurs articulaires.
- À l'examen, léger excès de graisse abdominale.
- Prise de poids régulière depuis l'âge de 8 ans. Bras cassé à 8 ans.
- Peu d'activité sportive, passe beaucoup de temps devant les écrans.
- Cantine le midi, rentre seul de l'école et gère son goûter, repas peu structurés le soir.

Doc. 5 Extrait des notes du médecin consulté par Adrien.

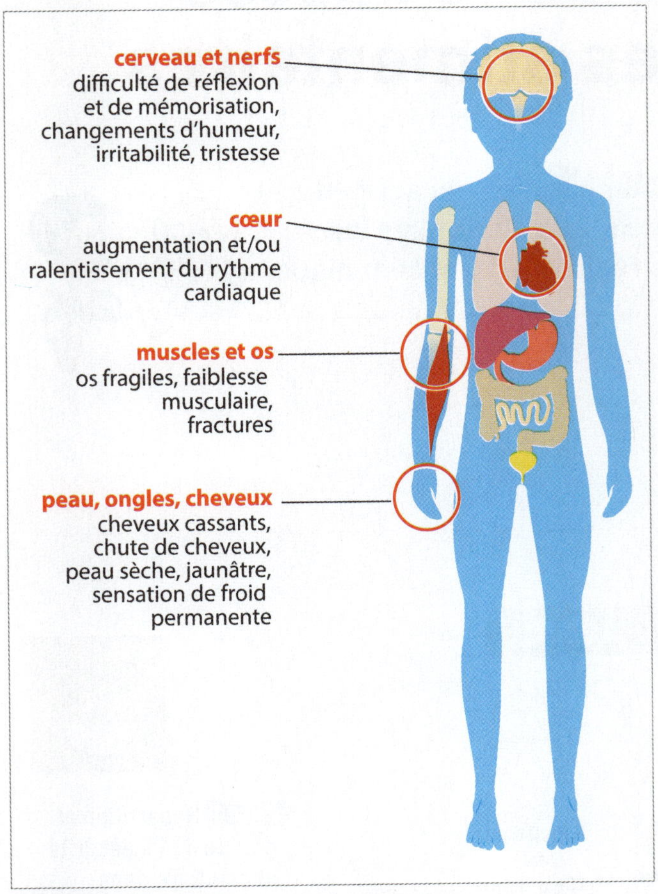

Doc. 6 Les conséquences d'une sous-alimentation sur l'organisme. La sous-alimentation se définit par une ration alimentaire insuffisante.

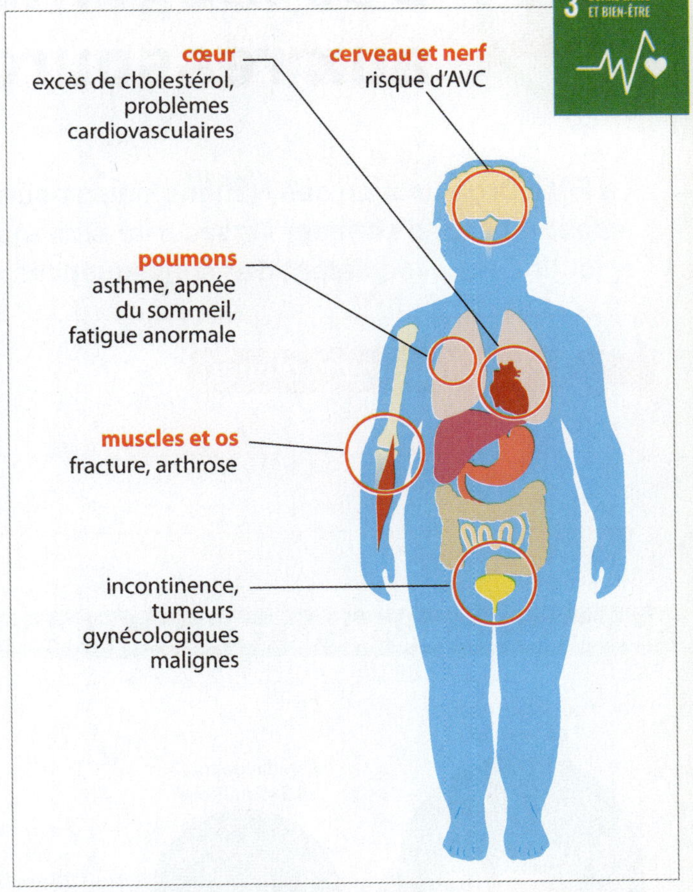

Doc. 7 Les conséquences d'une surcharge pondérale sur l'organisme. Les causes d'un surpoids ou d'une obésité sont multiples. Il ne s'agit pas toujours simplement d'une alimentation déséquilibrée. La prise de poids peut être favorisée par des facteurs psychologiques, génétiques, certaines maladies ou la prise de certains médicaments.

Je rédige une réponse structurée en paragraphes.

J'apprends à... mener une tâche complexe PAGE 105

Des inégalités dans l'accès aux ressources alimentaires

La FAO (Organisation des Nations Unies pour l'alimentation et l'agriculture) a pour objectif d'éliminer l'insécurité alimentaire d'ici à 2030. Mais les scientifiques s'inquiètent des conséquences du réchauffement climatique.

Formulons le problème

....

....

La sécurité alimentaire dans le monde actuel

2 FAIM «ZÉRO»

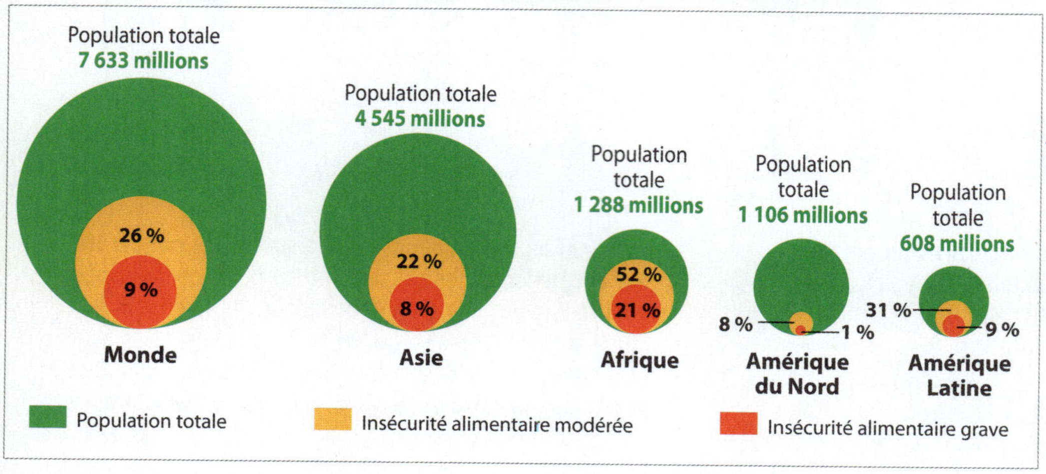

Doc. 1 Répartition et gravité de l'insécurité alimentaire dans le monde. La sécurité alimentaire peut se définir comme la probabilité d'accéder à tout moment aux besoins alimentaires quantitatifs et qualitatifs de base.

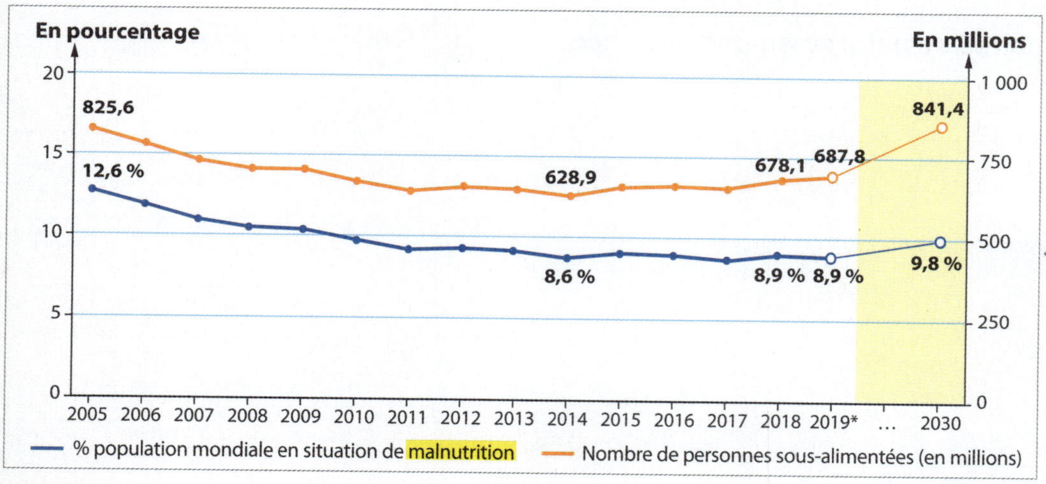

Doc. 2 Nombre de personnes sous-alimentées dans le monde de 2005 à 2030.
Note : les valeurs au delà de 2019 sont des projections.

1 Quelles inégalités montrent ces données sur l'accès à une alimentation équilibrée ?

....

....

2 Comment évolue le nombre de personnes souffrant de sous-alimentation sur la période étudiée ?

....

Les effets du réchauffement climatique

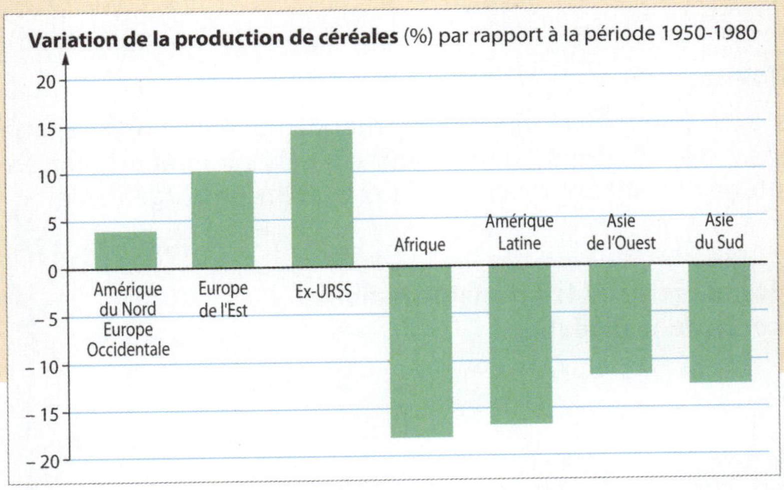

Entre 2006 et 2016, les catastrophes naturelles dans les pays en voie de développement ont été responsables de 26 % des dégâts et pertes dans le secteur agricole et en particulier pour 30 % de ceux-ci dus à la sécheresse. Ces dommages et pertes devraient être exacerbés par le réchauffement climatique. Celui-ci augmente aussi la fréquence et l'ampleur des phénomènes extrêmes (tempêtes, inondations, etc.) qui affectent les récoltes.

Doc. 3 **Effets du réchauffement climatique sur les productions de céréales par région en 2060** (moyenne de différents modèles).

Dans une expérience, des chercheurs ont cultivé des plants de riz dans des atmosphères enrichies en CO_2 semblables à celles associées au réchauffement climatique actuel.

Les résultats obtenus ont été une baisse des teneurs en Zinc, Fer, protéines et diverses vitamines (B1, B2, B5 et B9).

Doc. 4 **Riz et réchauffement climatique.**

3 **Quels impacts ont les augmentations du taux de dioxyde de carbone (CO_2) atmosphérique et de température sur les ressources alimentaires ?**

....

....

....

4 **Quelles sont les populations les plus impactées ?**

....

....

....

....

....

Les définitions

Malnutrition : déséquilibre (carence ou excès) dans l'apport énergétique et/ou nutritionnel (apport en nutriments bâtisseurs ou fonctionnels).

Sous-alimentation (ou sous-nutrition) : apport alimentaire insuffisant pour satisfaire les besoins énergétiques.

Réchauffement climatique actuel : augmentation rapide et régulière de la température annuelle moyenne de la Terre liée aux activités humaines.

Notion à retenir

5 **En conclusion, rédiger une réponse au problème posé.**

....

....

....

....

....

....

....

UNITÉ 12

La transformation mécanique des aliments

TÂCHE COMPLEXE

Situation déclenchante

En forêt, l'étude des excréments des animaux permet de connaître leur régime alimentaire. Ces restes, très différents des aliments ingérés au départ, ont été transformés dans le tube digestif pour répondre aux besoins de l'organisme.

Tâche à réaliser

Présenter le trajet des aliments et les transformations qu'ils subissent au cours de la digestion.

Documents de travail

VIDÉO d'expérience college.nathan.fr/svt530

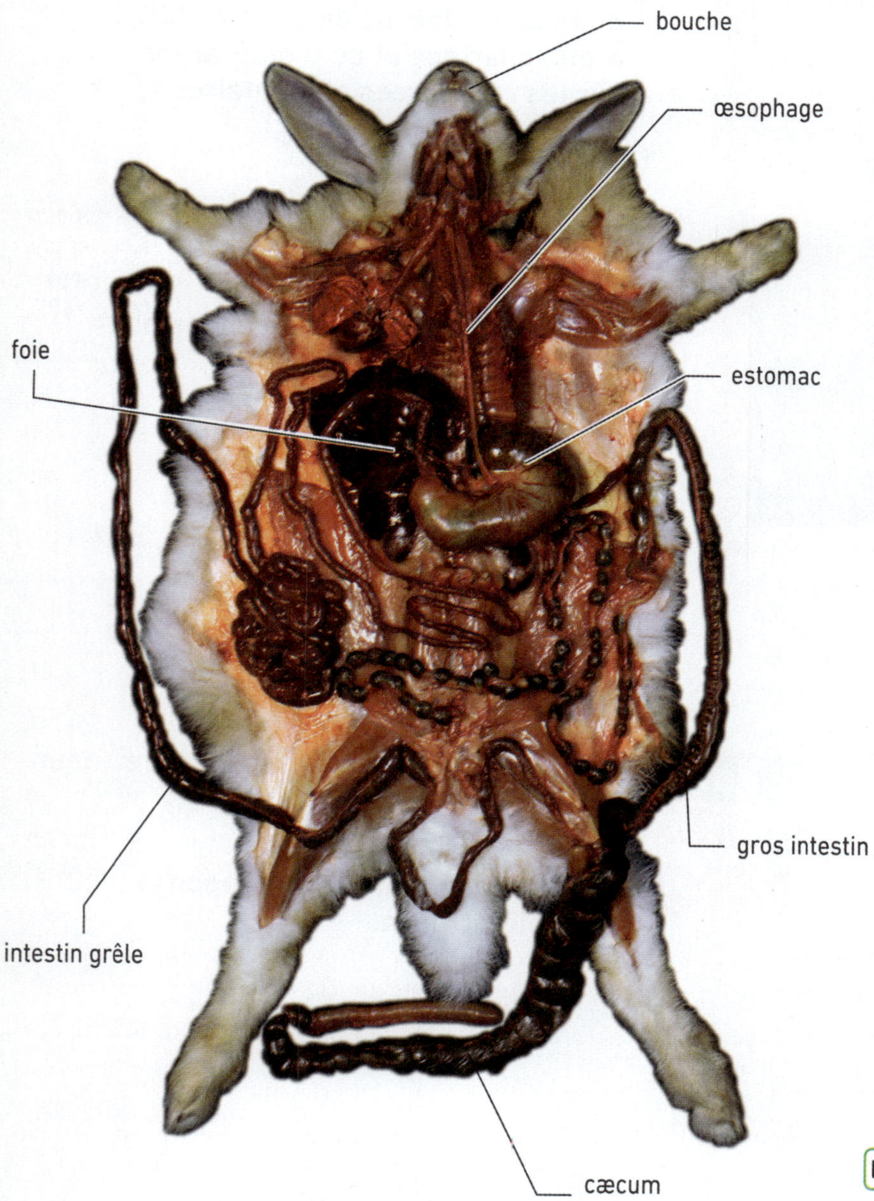

Aliments du lapin

Extraits du contenu de l'estomac

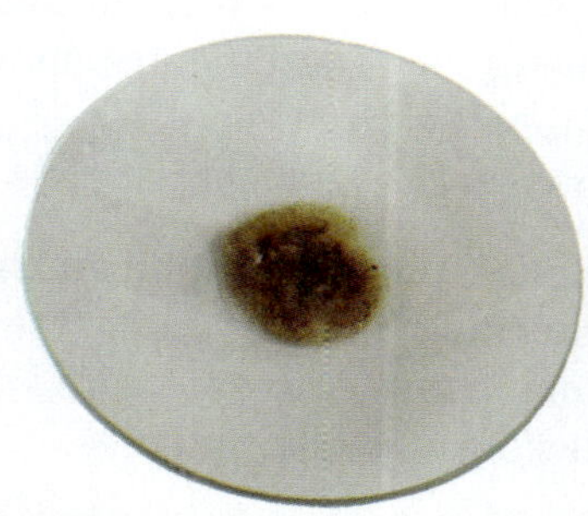

Extraits du contenu de l'intestin grêle

Doc. 1 Organisation de l'appareil digestif du lapin. Le lapin est utilisé comme exemple car son tube digestif est organisé de manière similaire à celui de l'être humain (à l'exception du caecum).

VIDÉO college.nathan.fr/svt531

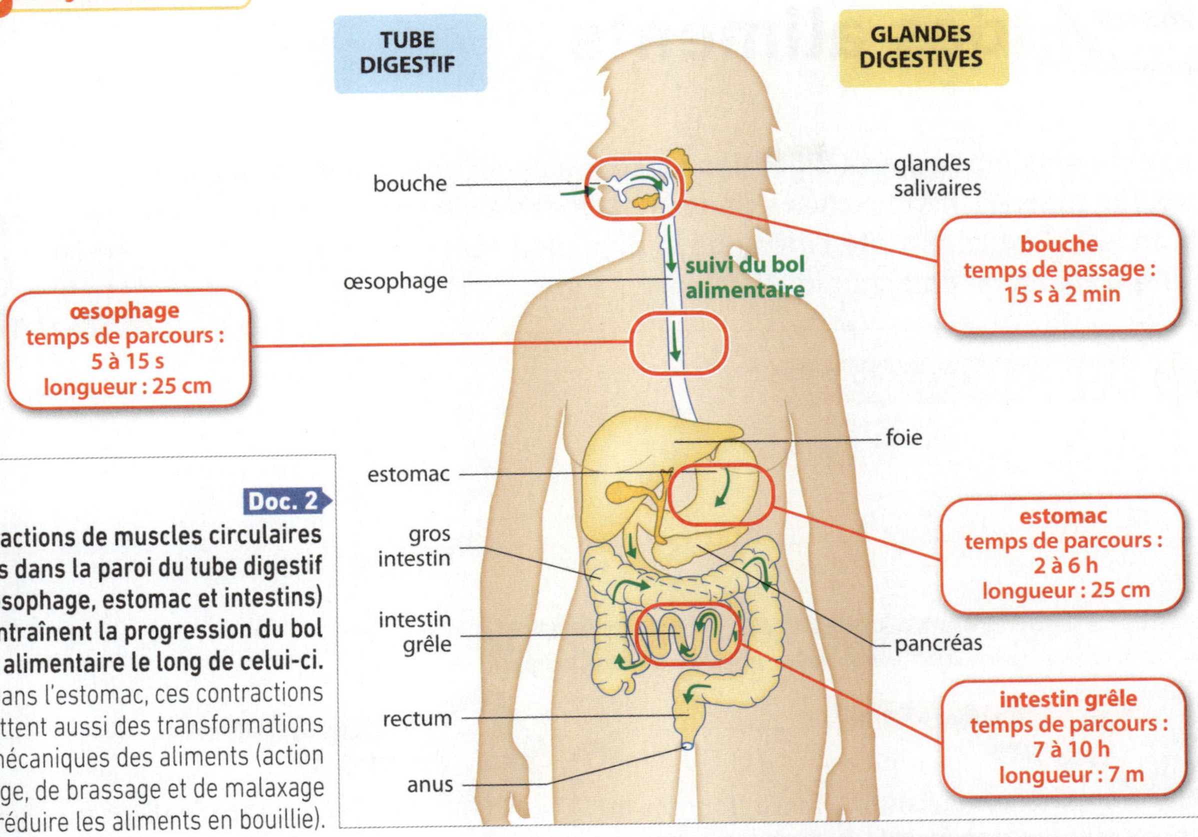

Doc. 2

Les contractions de muscles circulaires présents dans la paroi du tube digestif (œsophage, estomac et intestins) entraînent la progression du bol alimentaire le long de celui-ci. Dans l'estomac, ces contractions permettent aussi des transformations mécaniques des aliments (action de broyage, de brassage et de malaxage visant à réduire les aliments en bouillie).

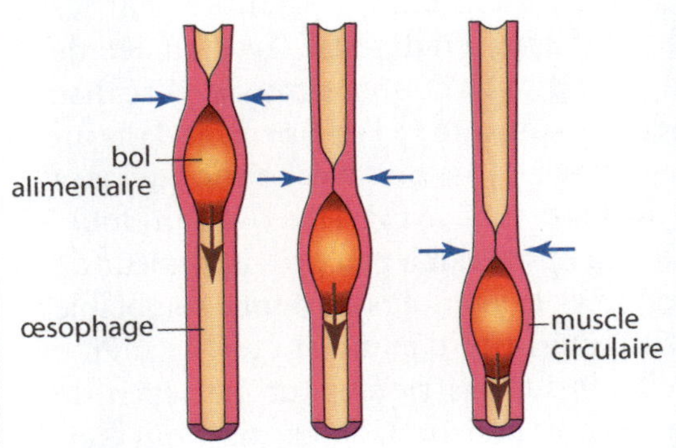

Doc. 3 **Contractions musculaires des parois de l'œsophage.**

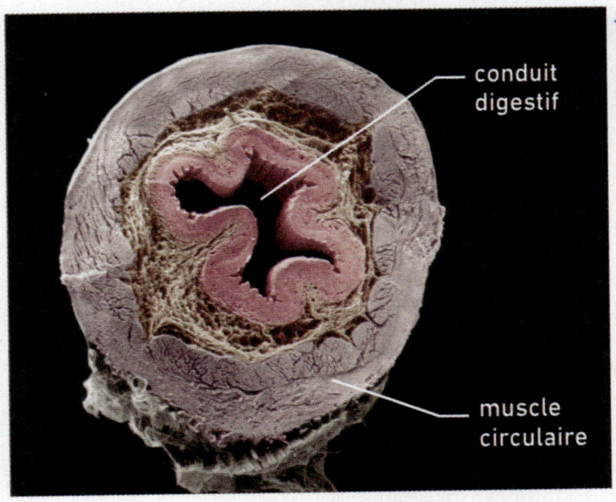

Doc. 4 Coupe transversale de l'œsophage (MEB, x 60).

COUP de pouce college.nathan.fr/svt531

Je décris le trajet des aliments et les transformations subies en complétant le tableau.

	Temps de passage des aliments	État des aliments	Transformations mécaniques subies par les aliments (broyage et/ou brassage)
Bouche	....	....	....
Œsophage	....	....	aucune
Estomac	....	....	....
Intestin grêle	....	.... (avec des nutriments)	brassage
Gros intestin	12 à 15 h	....	aucune

UNITÉ 13

La transformation chimique des aliments

Les connaissances sur la digestion se sont surtout construites à partir du XVIIIe siècle. L'histoire des sciences permet de bien comprendre comment s'est construite l'idée que la digestion résultait aussi d'une transformation chimique.

Formulons le problème

....

....

Interpréter des expériences historiques

Giovanni Alfonso Borelli 1608-1679

Vers 1650, Giovanni Alfonso Borelli s'intéresse aux mécanismes de la digestion chez les animaux. Il observe des poules et découvre qu'elles avalent des cailloux en même temps qu'elles picorent des graines. Pour montrer que la digestion des aliments est mécanique, il donne des billes de verre à manger à des poules et constate que ces billes sont broyées par le gésier et les cailloux qu'il renferme.

Doc. 1 Les connaissances sur la digestion au XVIIe siècle.

Je plaçai dans un gros tube en fer blanc ouvert par les deux bouts un morceau de viande. Le tube ainsi garni de viande fut donné à la buse. Ce ne fut que le lendemain que je trouvai le tube qu'elle venait de rendre : il avait toute sa rondeur, on ne découvrait sur sa surface extérieure aucune trace de frottements. Le morceau de viande avait été réduit ; ce qui en restait était couvert par une espèce de bouillie.

Doc. 2 L'expérience de René-Antoine de Réaumur, 1752.

Lazzaro Spallanzani 1729-1799

En 1787, Lazzaro Spallanzani suggère que les aliments seraient rendus liquides par des substances chimiques produites par les organes de l'appareil digestif. Avec un peu de liquide contenu dans son estomac, il réalise l'expérience suivante : « J'en fis entrer dans un tube en verre […] ; je mis avec ce suc quelques brins de chair […]. Je le plaçai dans un fourneau où on éprouvait à peu près la chaleur de mon estomac ; j'y mis aussi un tube semblable avec une quantité d'eau qui était la même que celle du suc gastrique pour me servir de terme de comparaison […]. La chair qui était dans le suc gastrique commença à se défaire avant 12 heures et elle continua jusqu'à ce qu'au bout de 35 heures, elle avait perdu toute consistance […]. Il n'en fut pas de même dans le tube où j'avais mis de l'eau. »

Doc. 3 L'expérience de Lazzaro Spallanzani, 1787.

1 En quoi l'expérience de Réaumur va-t-elle à l'encontre des connaissances de son époque ?

....

....

....

....

....

....

2 Souligner l'hypothèse de Spallanzani (doc. 3).

3 Interpréter ses résultats pour conclure.

....

....

....

....

....

....

Réaliser et interpréter l'expérience de digestion de l'amidon

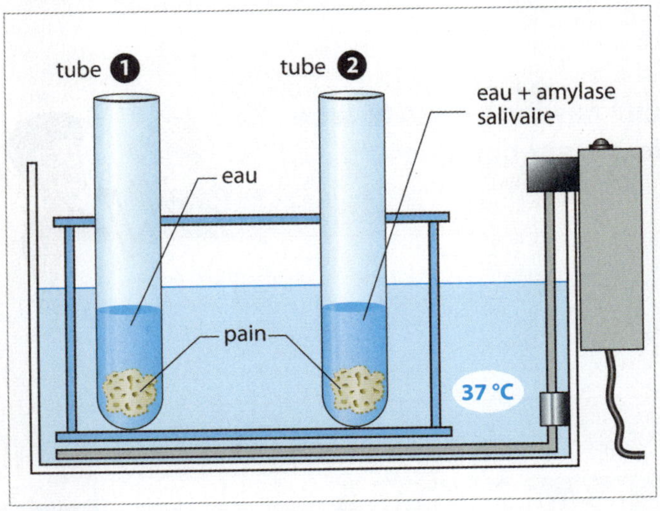

Doc. 4 Expérience de digestion *in vitro* de pain.

Réaliser une expérience

1. Placer dans deux tubes ❶ et ❷ un morceau de pain (constitué d'amidon) de même taille et une même quantité d'eau.
2. Dans le tube ❷, verser 1 ml d'amylase salivaire (enzyme digestive produite par les glandes salivaires dans la bouche).
3. Placer les deux tubes dans un bain marie à 37 °C pendant 20 min.
4. Dans les deux tubes, tester la présence d'amidon à l'aide de l'eau iodée et tester la présence de glucose (nutriment) à l'aide de bandelettes-test.

VIDÉO d'expérience college.nathan.fr/svt533

4 **Compléter le tableau avec les résultats de l'expérience.**

		Début d'expérience	Fin d'expérience
Suivi de la présence d'amidon (par la coloration bleu-noir de l'eau iodée)	Tube 1	....	....
	Tube 2	....	....
Mesure de la présence de glucose	Tube 1	....	....
	Tube 2	....	....

5 **Interpréter les résultats de l'expérience.**

....
....
....
....

Les définitions

Enzyme digestive : substance contenue dans les sucs digestifs, permettant la transformation des aliments en nutriments.

Nutriment : molécule simple soluble (capable de se dissoudre dans l'eau) issue de la digestion et utilisable par l'organisme.

Suc digestif : substance produite par certains organes du tube digestif (glandes salivaires, estomac, pancréas).

Notion à retenir

6 **En conclusion, rédiger une réponse au problème posé.**

....
....
....
....
....

UNITÉ 14

L'absorption des nutriments

Les aliments sont digérés tout au long de leur passage dans le tube digestif. Grâce aux transformations mécaniques et chimiques, ces aliments deviennent des nutriments.

Formulons le problème

....

Observer le devenir du glucose dans le tube digestif

Lors de la digestion, les différents types d'aliments sont transformés en éléments de plus petite taille appelés nutriments : les glucides (ou sucres) donnent essentiellement du glucose ; les lipides (ou matières grasses) donnent des acides gras et du glycérol ; enfin les protides (terme utilisé en nutrition) regroupent les protéines et les acides aminés.

Doc. 1 Le devenir des aliments.

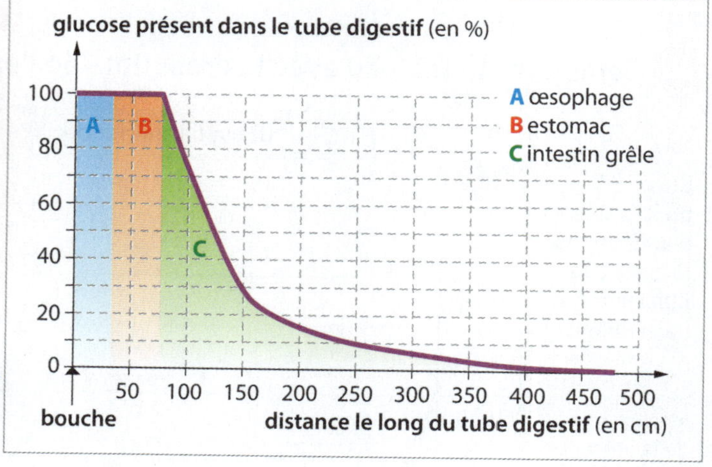

Doc. 2 Pourcentage de glucose présent dans le tube digestif.

	Glucose dans le sang (g/L)	
	Arrivant à l'organe	Repartant de l'organe
Œsophage	1	0,9
Estomac	1	0,7
Intestin grêle	1	2,8
Gros intestin	1	0,8

Doc. 3 Concentration du glucose dans le sang des vaisseaux sanguins arrivant et repartant des différents organes du tube digestif.

1 **Analyser les documents et expliquer ce que devient le glucose présent dans le tube digestif.**

....
....
....
....
....
....
....
....

Comprendre l'absorption intestinale

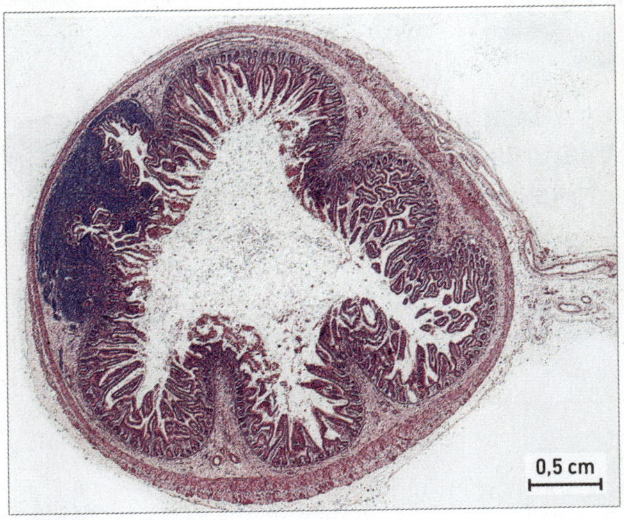

Doc. 4 Intestin grêle (coupe transversale, microscope optique).

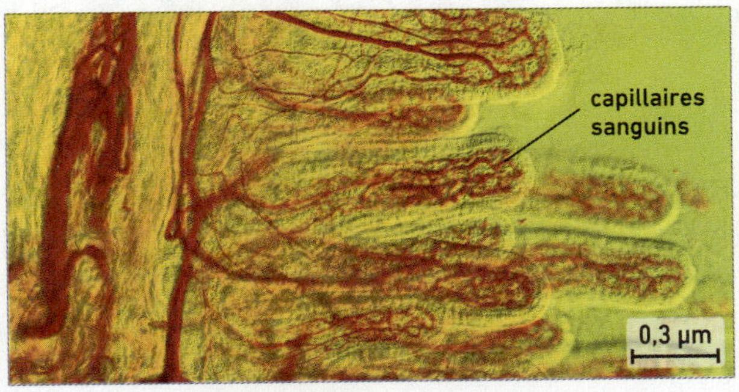

Doc. 5 Détails des villosités intestinales (microscope optique).

L'intestin grêle

- **Longueur :** 6 mètres
- **Diamètre :** 3 cm
- **Villosités :** 10 millions
- **Surface d'une villosité :** 0,25 cm²

2 **Calculer la surface de l'intestin grêle avec et sans villosités.**
Aide : aire d'un cylindre = $2\pi \times r \times L$

....
....
....
....
....
....
....

3 **En vous appuyant sur la définition, justifier que la paroi de l'intestin grêle est une surface d'échanges vers le sang.**

....
....
....
....
....
....
....

Les définitions

Absorption intestinale : passage des nutriments de la lumière de l'intestin grêle dans le sang.

Surface d'échanges : grande surface de très faible épaisseur constituée de cellules spécialisées et perméable à de petits éléments.

Villosité : repli interne de la paroi de l'intestin grêle.

Notion à retenir

4 **En conclusion, compléter le schéma suivant.**

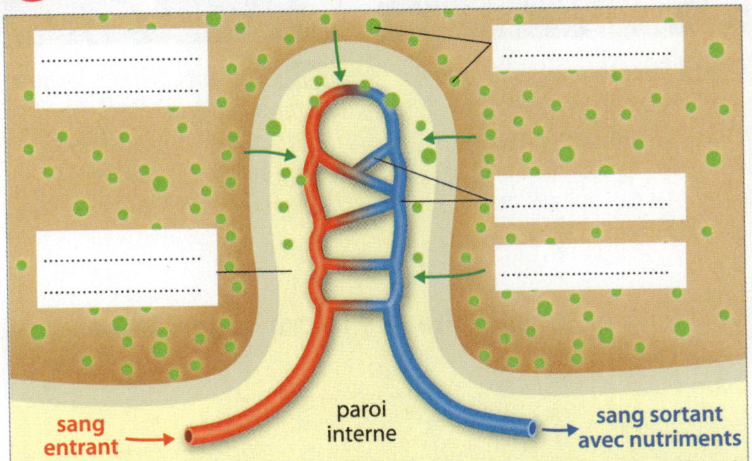

Passage des nutriments de l'intestin grêle dans le sang au niveau d'une villosité

UNITÉ 15

Le rôle des micro-organismes dans la digestion

Au Japon, Fabien a eu des troubles digestifs dus aux algues des makis, que les Japonais digèrent bien. Occidentaux et Japonais n'hébergent pas les mêmes microorganismes dans leur tube digestif.

Formulons le problème

....

S'informer sur le microbiote digestif

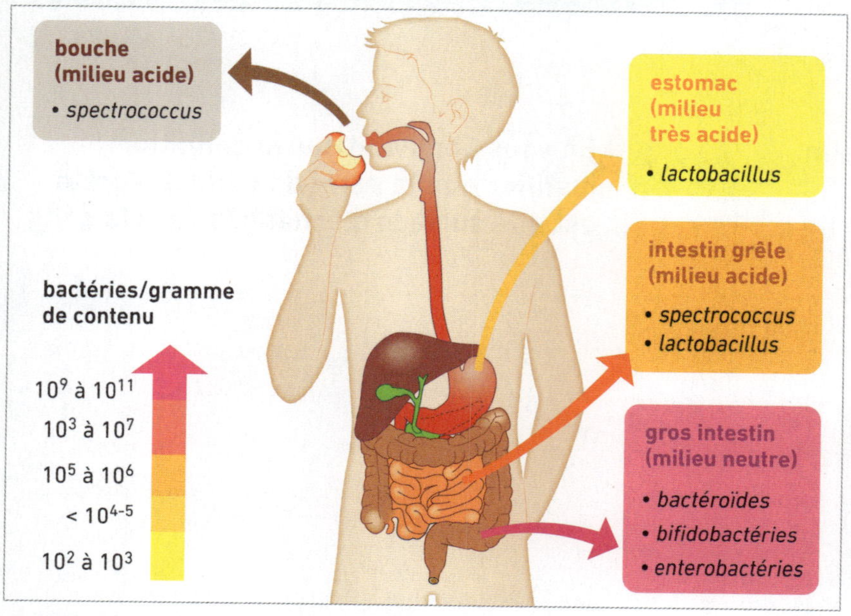

Doc. 1 Répartition des principales populations de micro-organismes dans le tube digestif humain.
L'être humain héberge dans son tube digestif des micro-organismes vivant en bonne harmonie avec lui. Aujourd'hui, les scientifiques désignent cet écosystème vivant particulier par le terme de **microbiote** digestif.

L'écosystème digestif
- 100 000 milliards de micro-organismes
- Plus de 1 000 espèces de bactéries
- Masse 1 kg

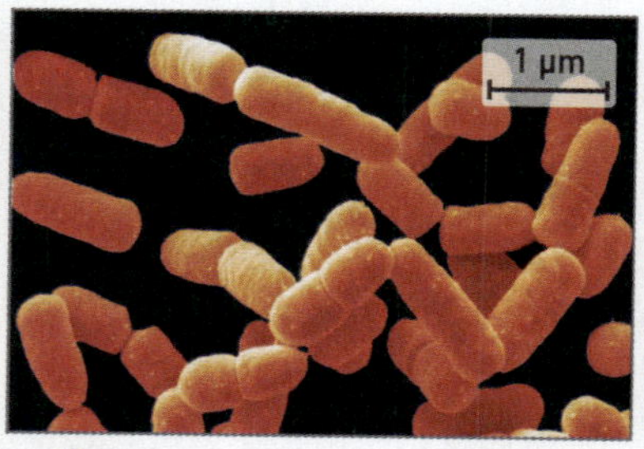

Doc. 2 ***Streptococcus salivarius,*** bactérie très abondante dans la salive, elle intervient dans la formation de la plaque dentaire et de l'apparition des caries.

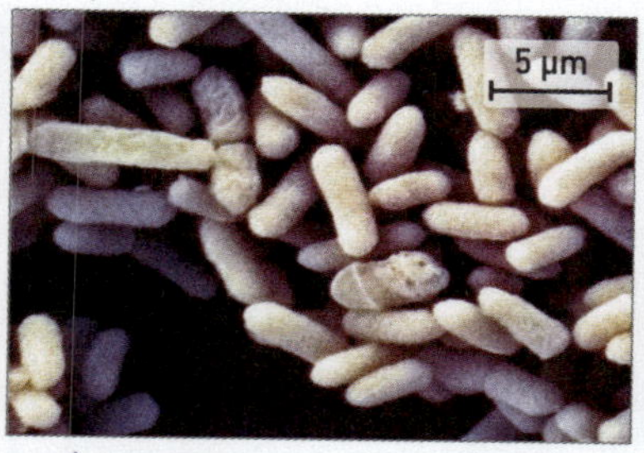

Doc. 3 ***Bifidobacterium longum,*** bactérie la plus présente dans l'intestin du nourrisson en bonne santé, elle permet la digestion des sucres et du lait.

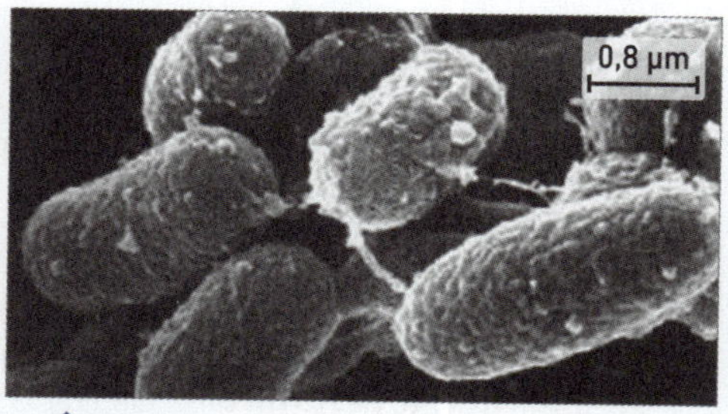

Doc. 4 ***Bacteroides plebeius.*** Très abondantes dans le gros intestin, ces bactéries, chez les japonais, découpent les fibres des algues en nutriments. Dans l'intestin des non-japonais, ces mêmes bactéries en sont incapables.

1 Montrer la diversité des micro-organismes du tube digestif.

....

....

....

Comprendre le rôle des micro-organismes dans la digestion

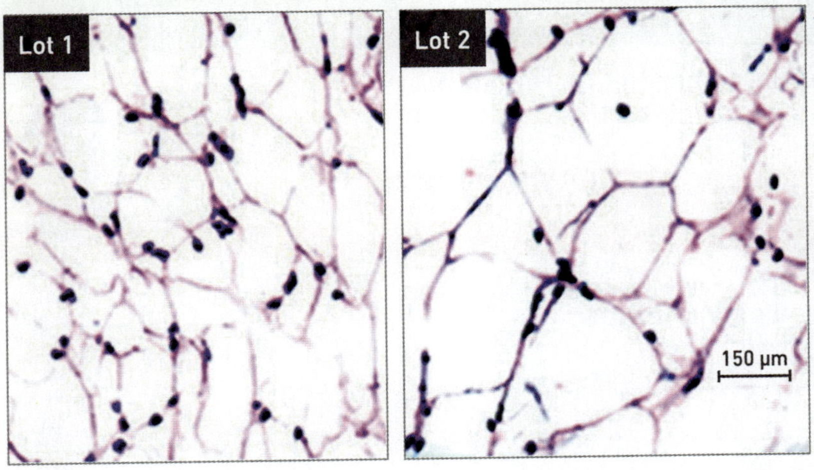

Doc. 5 Aspect des adipocytes, cellules spécialisées assurant le stockage des lipides dans l'organisme des deux lots de souris de l'expérience. Plus ils sont volumineux, plus ils sont riches en lipides.

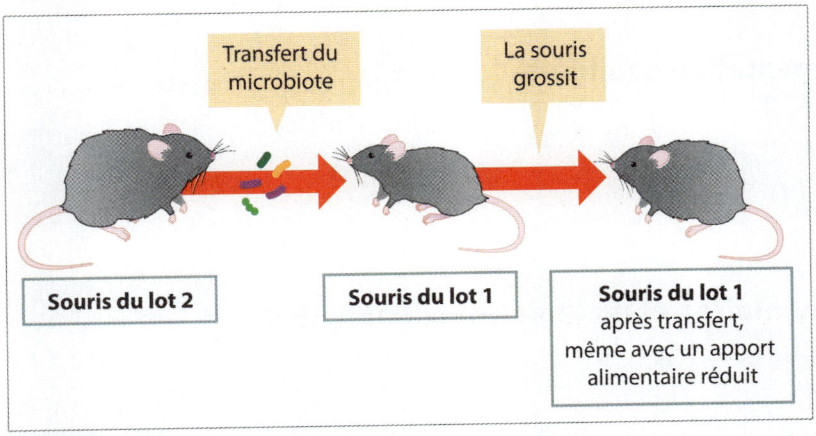

Doc. 6 Transfert de microbiote entre les lots de souris.

Interpréter une expérience

1. Deux lots de souris ont été nourris avec les mêmes aliments.
2. Le lot 1 comprend des souris axéniques, c'est à dire dépourvues de micro-organismes car nées et élevées en milieu stérile. Le lot 2 regroupe des souris axéniques puis ensemencées d'une population connue de micro-organismes.
3. Pour maintenir les souris des deux lots à la même masse corporelle, il a fallu fournir 30 % d'énergie en plus aux souris du lot 1.
4. On transfère le microbiote d'une souris du lot 2 à une souris du lot 1.

2 Décrire les résultats de cette expérience, puis montrer que les micro-organismes jouent un rôle dans la digestion.

....
....
....
....
....
....
....

Les définitions

Axénique : dépourvu de tout micro-organisme et notamment de microbiote.

Microbiote : ensemble des micro-organismes (bactéries, levures, etc.) présents sur et dans un individu.

Notion à retenir

3 En conclusion, rédiger une réponse au problème posé.

....
....
....
....

BILAN Le devenir des aliments dans le tube digestif

Objectif du chapitre

Comprendre qu'une alimentation équilibrée permet de répondre à nos besoins en énergie.

Formuler les notions clés

UNITÉ 8 ▶ **Des besoins alimentaires variables**

UNITÉ 9 ▶ **Les bases d'une alimentation équilibrée**

UNITÉ 10 ▶ **Déséquilibres alimentaires et maladies nutritionnelles**

UNITÉ 11 ▶ **Des inégalités dans l'accès aux ressources alimentaires**

UNITÉS 12 ET 13 ▶ **La transformation mécanique et chimique des aliments**

UNITÉ 14 ▶ **L'absorption intestinale**

UNITÉ 15 ▶ **Le rôle des micro-organismes dans la digestion**

Retenir par l'image

SCHÉMA animé college.nathan.fr/svt539

Appareil digestif de l'être humain

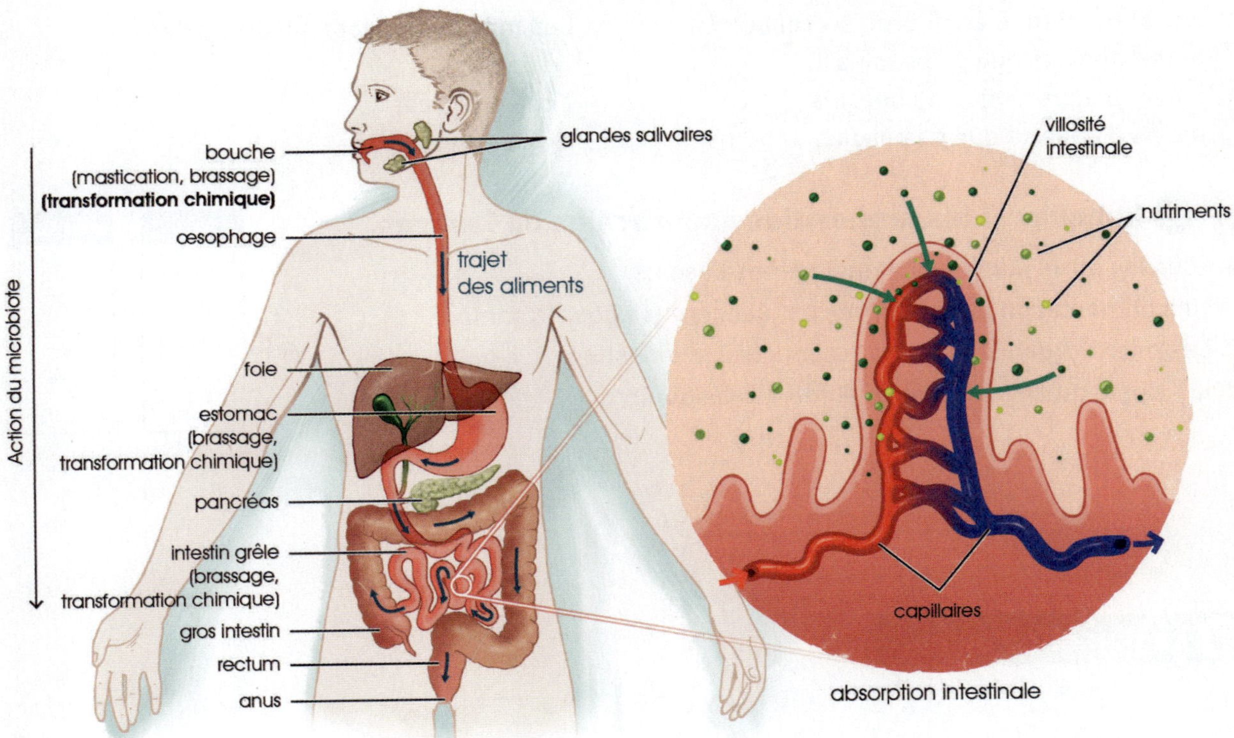

Importance d'une alimentation équilibrée

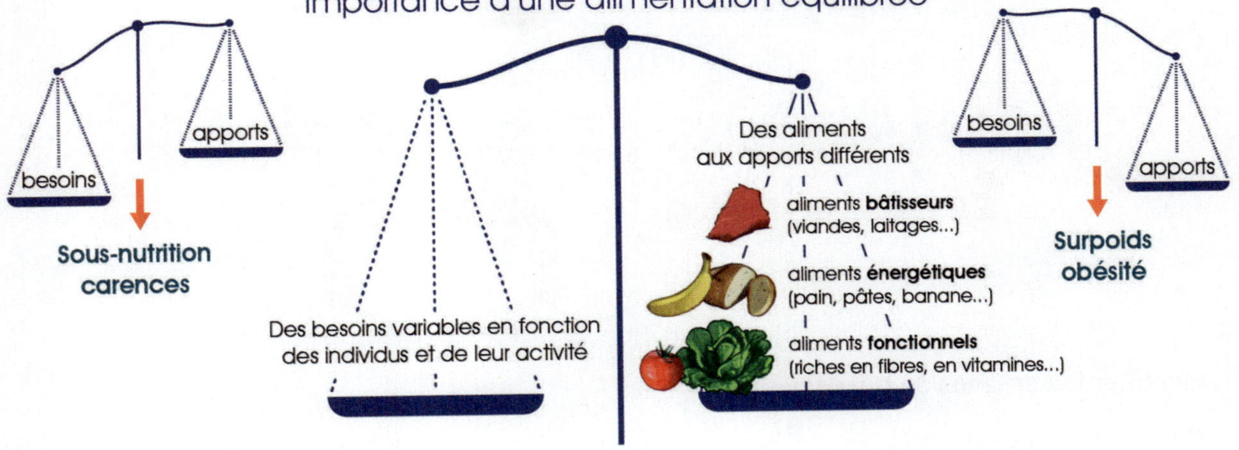

Formuler un résumé du chapitre

....

....

....

....

....

....

Exercices

Tester ses connaissances

QCM supplémentaires college.nathan.fr/svt540

QCM

1 Pour chaque affirmation, cocher la seule proposition exacte.

a. Une alimentation équilibrée correspond à :
- ☐ plus d'apports que de besoins
- ☐ autant d'apports que de besoins
- ☐ moins d'apports que de besoins

b. Les nutriments sont absorbés dans :
- ☐ l'estomac
- ☐ l'intestin grêle
- ☐ le gros intestin

VRAI FAUX

2 Indiquer si les propositions sont vraies ou fausses.

	Vrai	Faux
a. Tous les êtres humains ont les mêmes besoins.	☐	☐
b. Une alimentation déséquilibrée est dangereuse pour la santé.	☐	☐
c. Les micro-organismes sont essentiels à la digestion.	☐	☐
d. Il n'existe qu'un seul régime alimentaire équilibré.	☐	☐

Utiliser ses connaissances

3 La digestion du pain

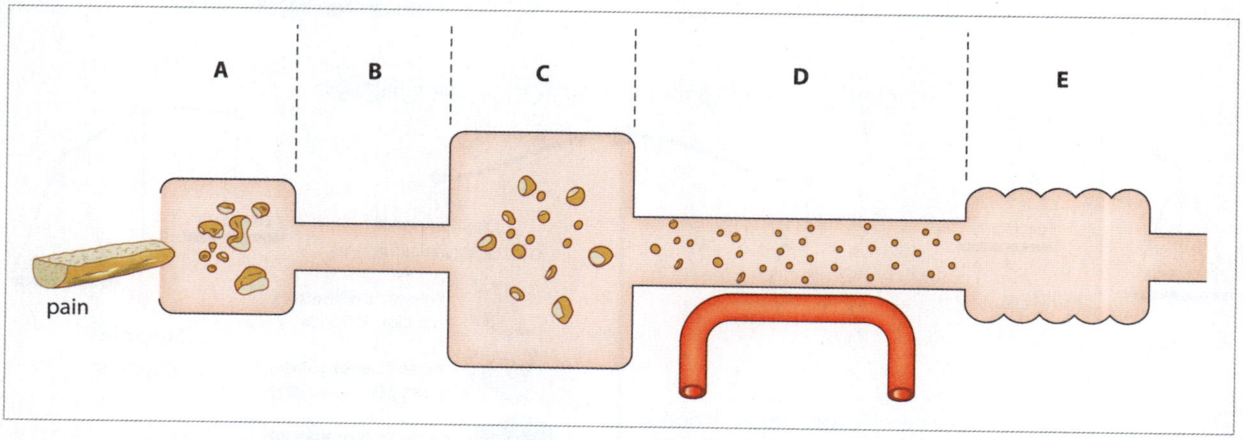

1. Identifier les organes du tube digestif.

A : .... B : .... C : ....

D : .... E : ....

2. Expliquer le devenir du pain tout au long du tube digestif. en indiquant s'il s'agit principalement d'une transformation chimique ou mécanique.

....

....

....

....

....

....

....

Approfondir

4 Intolérance au lactose

Depuis ses 25 ans, Marie se sent ballonnée, elle présente d'intenses maux de ventre et des gaz lorsqu'elle boit du lait. Elle décide de consulter un médecin car elle est inquiète, surtout qu'elle mange de façon très équilibrée.

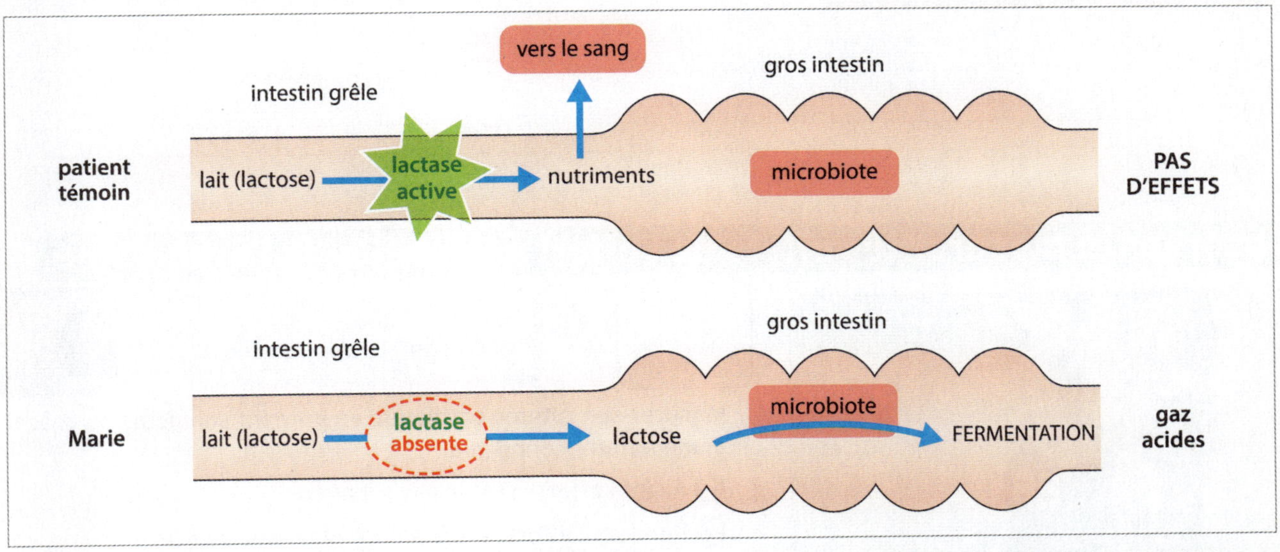

La lactase est une enzyme produite exclusivement par l'intestin grêle. Elle permet la digestion du lactose.
Elle est produite toute leur vie pour certains individus alors que pour d'autres cela diminue à partir de 3 - 5 ans.

Doc. 1 Devenir du lactose dans les intestins de Marie et d'un individu tolérant au lactose.

Produits laitiers		Autres aliments
Avec lactose (riche en calcium)	Sans lactose	Riche en calcium
• Lait de vache • Yaourt, fromage blanc • Fromage • Beurre • Crème fraîche	• Lait de soja, de riz, d'amande • Yaourt de brebis, de chèvre • Fromage de brebis, de chèvre • Margarine végétale • Crème de riz, de soja	• Amande • Chou frisé • Brocolis • Figue

Doc. 2 Divers aliments et leur caractéristiques nutritionnelles.

CONSIGNE ▶ **En vous mettant à la place du médecin, expliquer à Marie l'origine de ses symptômes et les conseils nutritionnels qu'elle doit suivre.**

....

....

....

....

....

....

....

....

....

....

....

EXERCICES supplémentaires college.nathan.fr/svt541

UNITÉ 16

Les effets de l'effort physique sur l'organisme

Les besoins énergétiques de notre organisme sont permanents, mais ils sont différents d'un individu à l'autre et varient selon l'activité physique.

Formulons le problème

....

....

Observer et mesurer les effets de l'effort à l'échelle de l'organisme

Doc. 1 Laura, 12 ans, participe au cross de son collège.

« C'était épuisant, au bout de 10 minutes de course, j'avais chaud, j'étouffais, je n'arrivais plus à respirer. De la transpiration s'est mise à couler le long de mes tempes, mon cœur battait tellement vite que j'ai cru qu'il allait exploser ! Mais j'ai réussi à terminer la course, maintenant je ne désire qu'une seule chose : boire de l'eau fraîche et me reposer. »

Doc. 2 Témoignage de Laura à l'arrivée.

1 **Dans le témoignage de Laura, souligner les manifestations liées à l'effort physique.**

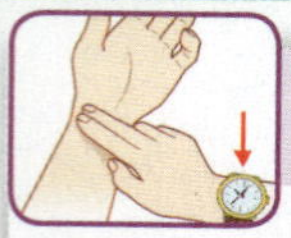

Réaliser une mesure

Mesurer son rythme cardiaque en prenant son pouls ou grâce à une montre connectée :

1. **Avant l'effort :** rester assis, calme.
2. **Pendant l'effort :** juste à l'arrivée de la course.
3. **Après l'effort :** rester assis pendant 5 minutes.

VIDÉO d'expérience college.nathan.fr/svt542

2 **Compléter le tableau suivant.**

	Au repos, avant l'effort	À la fin de l'effort	Au repos, après l'effort
Rythme cardiaque de Laura (battements/min)	86	134	97
Rythme cardiaque mesuré (battements/min)	....	....	....
Température corporelle de Laura (°C)	37,2	37,8	37,3
Température corporelle mesurée (°C)	....	....	....

3 **Relier les variations mesurées du rythme cardiaque et celles de la température aux observations faites par Laura.**

....

....

....

....

....

....

....

....

Observer et mesurer les besoins à l'échelle de l'organe

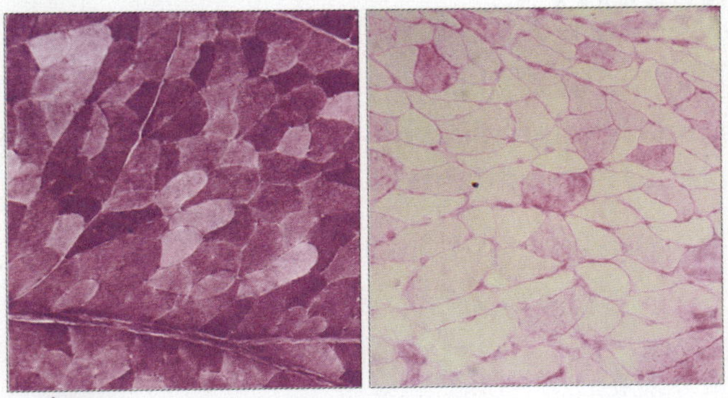

Doc. 3 **Tissu musculaire avant (à gauche) et après (à droite) un effort musculaire (MO, × 400).** La coloration des cellules révèle la présence de glucose de réserve. Plus les cellules sont foncées, plus elles sont riches en glucose de réserve.

Dans les organes se déroulent de très nombreuses transformations chimiques. Le glucose, en présence de dioxygène, se transforme en différents produits dont des déchets. Cette transformation libère de l'énergie indispensable au fonctionnement des organes. Une partie de cette énergie est libérée sous forme de chaleur.

glucose + dioxygène

↓

eau + dioxyde de carbone + **autres déchets** + énergie

Doc. 4 **Origine de l'énergie nécessaire au fonctionnement des organes.**

4 Identifier les besoins des muscles et le devenir de ces besoins.

....

....

....

....

....

....

....

....

....

....

Quantité de dioxygène (mL) **pour 1 L de sang**

	repos	activité
À l'entrée du muscle	200	200
À la sortie du muscle	150	80
Dioxygène consommé (–) ou rejeté (+)	....	....

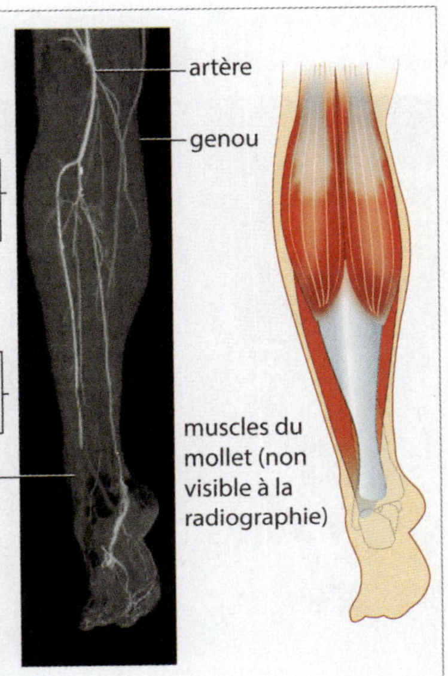

Doc. 5 **Concentration du dioxygène sanguin dans les vaisseaux à l'entrée et à la sortie d'un muscle.**

5 Indiquer l'évolution des besoins lors d'un effort physique.

....

....

....

Notion à retenir

Les définitions

Pouls : battements ressentis au niveau des vaisseaux sanguins du poignet et provoqués par les contractions cardiaques.

Rythme cardiaque : nombre de contractions cardiaques par minute.

6 En conclusion, rédiger une réponse au problème posé.

....

....

....

....

....

UNITÉ 17

Le fonctionnement de l'appareil cardio-respiratoire

Tous les organes ont besoin de recevoir du sang riche en dioxygène et en nutriments, éléments indispensables à leur fonctionnement.

Formulons le problème

....

....

Identifier le lieu d'entrée du dioxygène

VIDÉO d'expérience college.nathan.fr/svt544

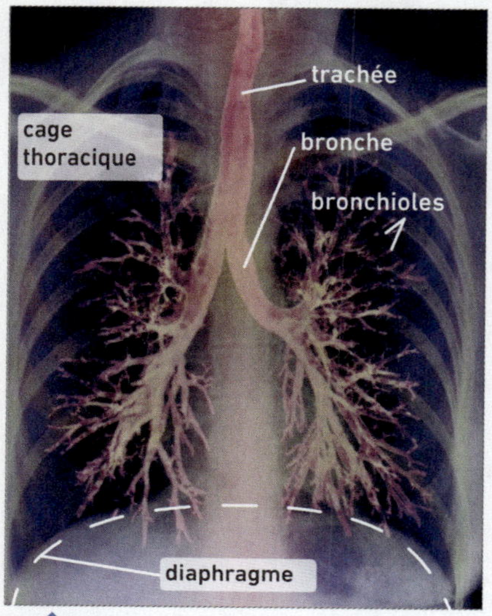

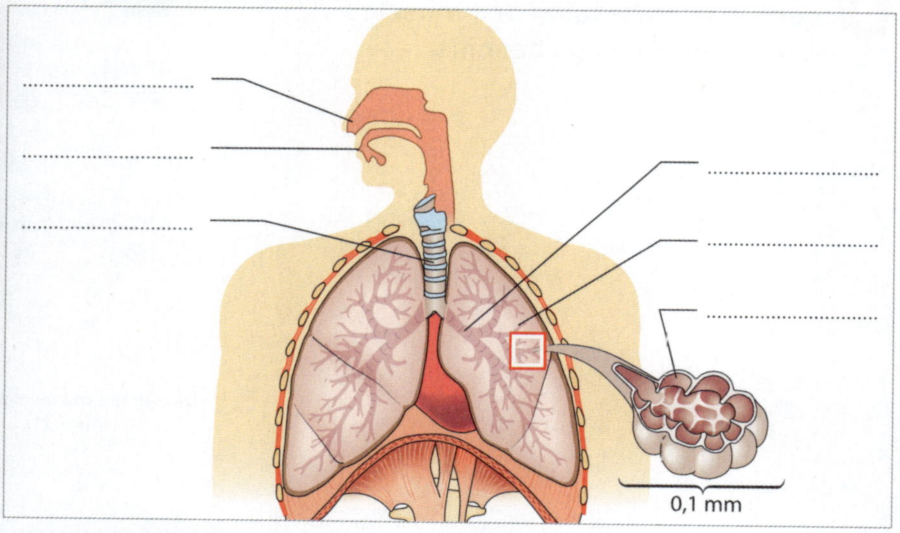

Doc. 1 Radiographie (à gauche) et schéma d'interprétation (à droite) de l'appareil ventilatoire humain.

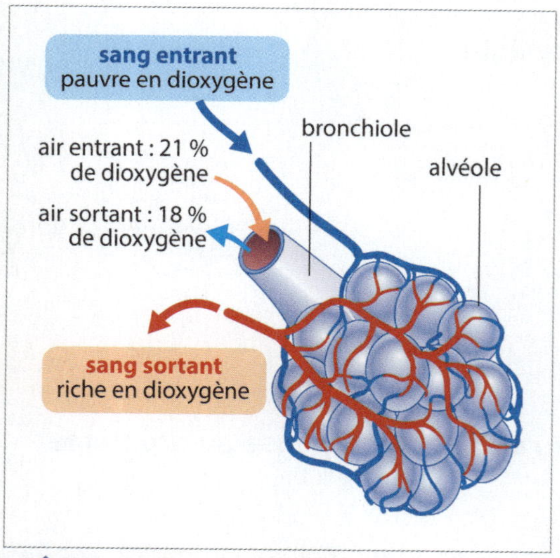

Doc. 2 Une **alvéole pulmonaire** et son réseau de **capillaires**. Les poumons sont constitués d'environ 700 millions de petits sacs, appelés alvéoles pulmonaires, chacune tapissée par un réseau de capillaires. Chaque alvéole représente une surface d'environ 0,3 mm^2 de très faible épaisseur.

1 À l'aide de la vidéo, légender l'appareil ventilatoire et flécher le trajet de l'air du doc. 1.

2 Identifier le lieu de recharge du sang en dioxygène.

....

....

....

....

....

3 Calculer la surface représentée par l'ensemble des alvéoles pulmonaires d'un être humain.

....

....

....

Comprendre la mise en mouvement du sang dans l'organisme

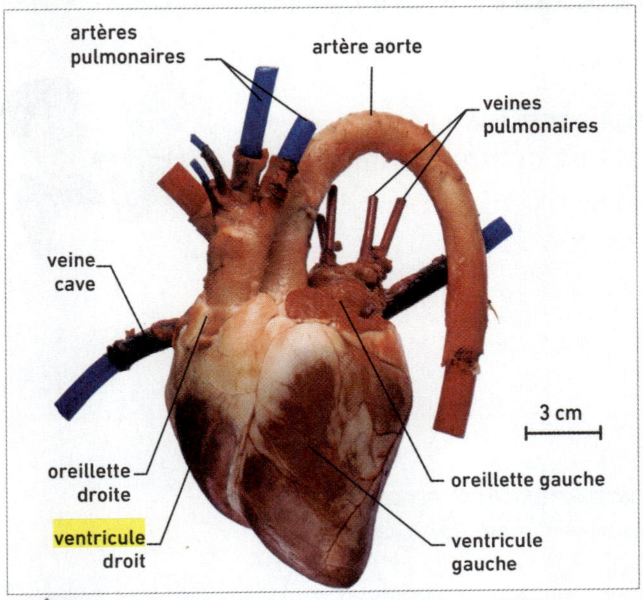

Doc. 3 Vue externe d'un cœur de mouton préparé pour l'expérience avec l'eau colorée.

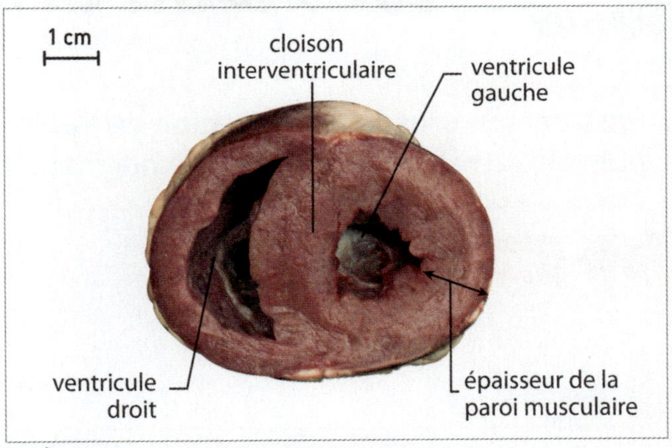

Doc. 4 Coupe transversale d'un cœur de mouton.

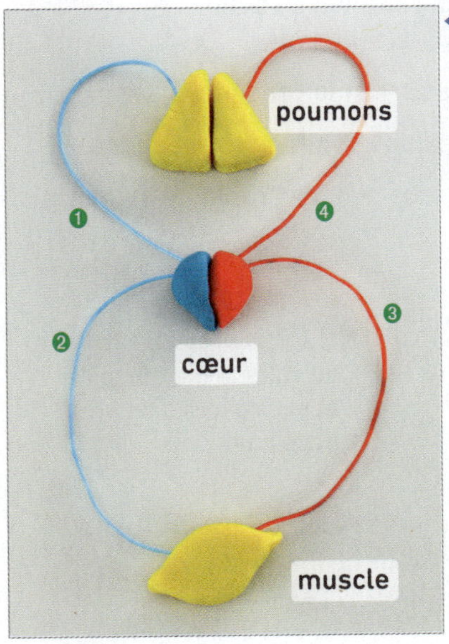

Doc. 5 La circulation dans l'organisme (représentation simplifiée).

Interpréter une expérience

1. De l'eau colorée est injectée par un tuyau dans les principaux vaisseaux du cœur.
2. On observe l'endroit où l'eau ressort.
3. À l'aide du doc. 5, on précise avec des flèches le sens de la circulation sanguine dans l'organisme.

VIDÉO d'expérience college.nathan.fr/svt545

Lieu d'injection de l'eau	Lieu où ressort l'eau
Artère pulmonaire 1	L'eau ne pénètre pas dans le cœur
Veine cave 2	Artère pulmonaire
Aorte 3	L'eau ne pénètre pas dans le cœur
Veines pulmonaires 4	Aorte

Les définitions

Alvéole pulmonaire : sac microscopique très vascularisé situé à l'extrémité des bronches.

Capillaire : vaisseau sanguin très fin présent dans tous les organes.

Ventricule : cavité (ou creux) du cœur remplie périodiquement de sang, expulsé lors des contractions du cœur.

Notion à retenir

4 En conclusion, compléter le schéma.

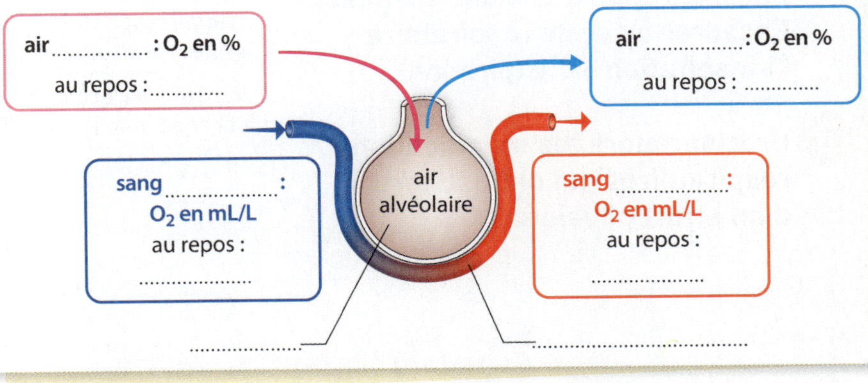

UNITÉ 18

Les modifications ventilatoires lors d'un effort physique

Lors de son cross, la respiration de Laura s'est accélérée, puis elle a retrouvé son rythme normal au bout de quelques minutes.

Formulons le problème

....

....

Mesurer l'activité ventilatoire lors d'un effort physique

Doc. 1 La mesure du rythme respiratoire.

Réaliser une mesure

Mesurer le volume d'air inspiré et expiré **avant**, **pendant** et **après** un effort de façon continue à l'aide d'un dispositif ExAO (spiromètre).

1. **Avant l'effort :** rester assis, calme pendant 30 secondes.
2. **Effort :** réaliser des flexions pendant 30 secondes.
3. **Après l'effort :** rester assis pendant 1 minute au moins.

VIDÉO d'expérience college.nathan.fr/svt546

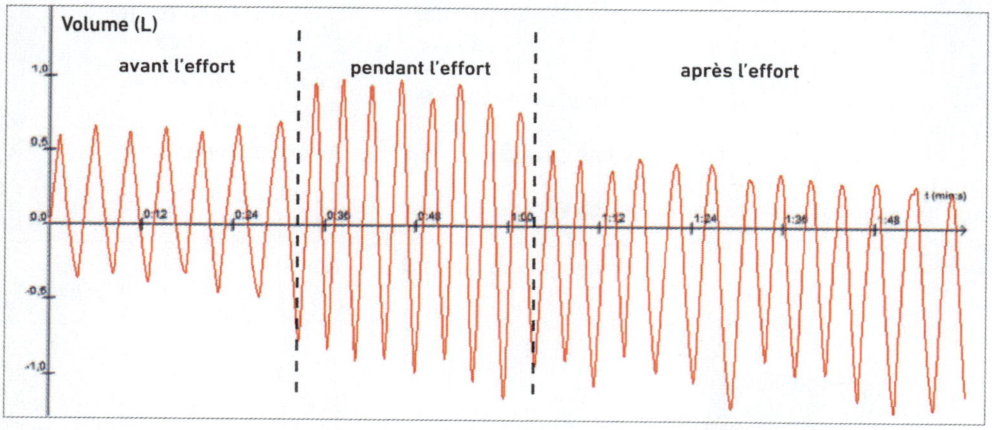

Doc. 2 Enregistrement du volume d'air inspiré et expiré lors d'un effort physique.

Légende :

Inspiration

Expiration

Cycle respiratoire

1 Sur le graphique, surligner une inspiration d'une couleur, une expiration d'une autre couleur. Encadrer un cycle respiratoire (1 inspiration + 1 expiration).

2 Compléter le tableau.

	Au repos, avant l'effort	Pendant l'effort	Au repos, après l'effort
Rythme respiratoire (cycles respiratoires/minute)	....	....	....
Volume d'air échangé à chaque inspiration (litres)	....	....	....

3 Préciser alors les modifications respiratoires qui ont lieu lors d'un effort physique.

....

....

Mesurer la concentration de dioxygène lors d'un effort

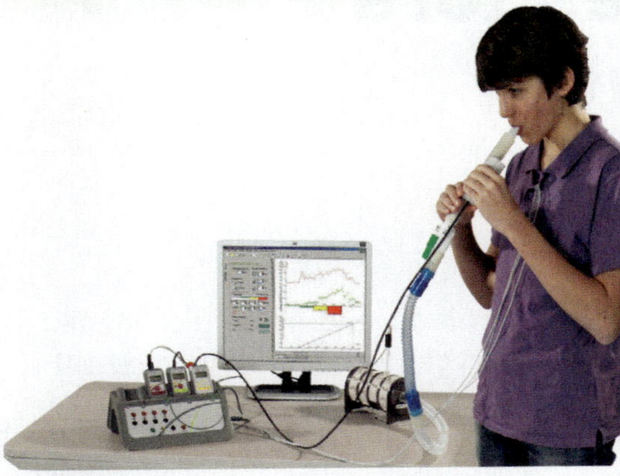

Intensité de l'effort \ Quantité de dioxygène (%)	Air inspiré	Air expiré	Quantité de O_2 consommé
Repos	21	18	....
Effort modéré	21	17	....
Effort intense	21	15	....
Effort maximal	21	13	....

Doc. 3 Mesure de la quantité de dioxygène dans l'air inspiré et expiré

Doc. 4 Concentration en dioxygène dans le sang entrant et sortant des poumons en fonction de l'intensité de l'effort physique.

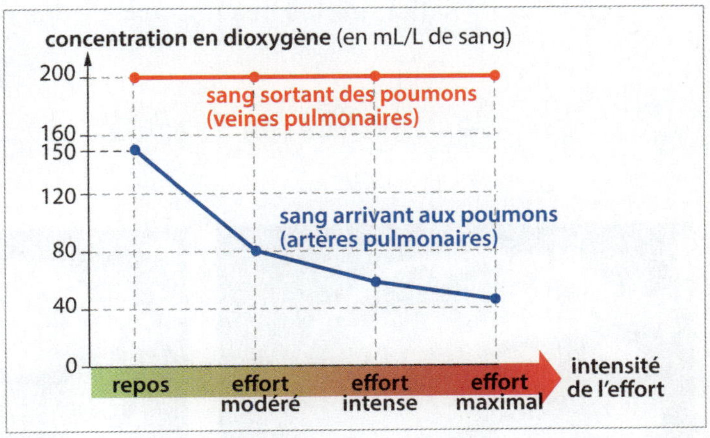

4 À l'aide des documents 3 et 4, compléter les schémas des échanges entre l'air et le sang au repos et lors d'un effort intense.

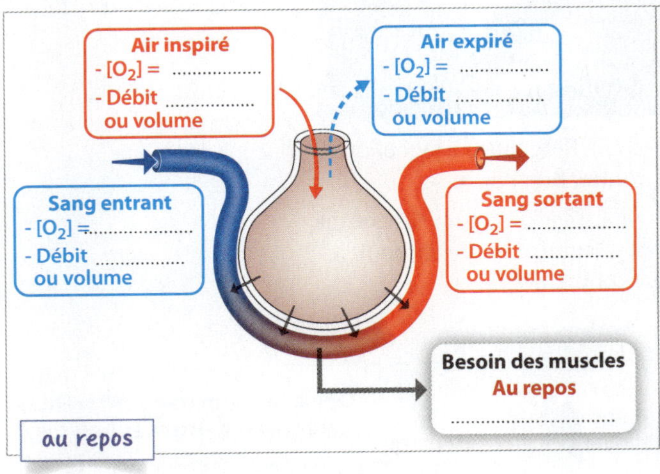

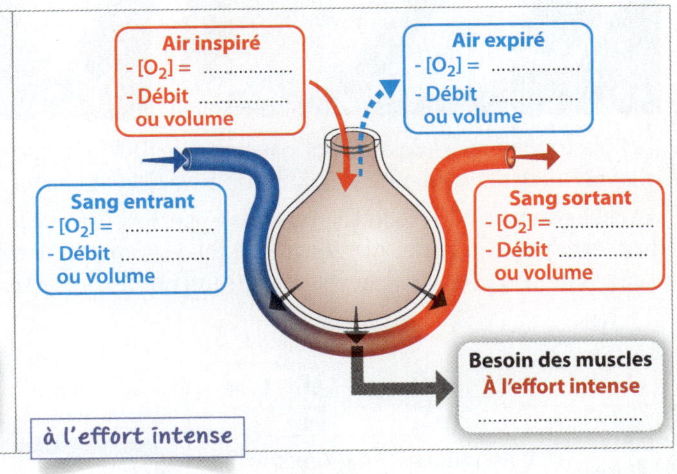

Notion à retenir

5 En conclusion, expliquer comment l'organisme répond aux besoins accrus des muscles en dioxygène lors d'un effort.

....

....

....

....

....

Les définitions

Rythme respiratoire : nombre de cycles respiratoires (inspiration + expiration) par minute.

UNITÉ 19

Les modifications cardio-vasculaires lors d'un effort physique

TÂCHE COMPLEXE

Situation déclenchante

Lors d'un effort physique, l'activité respiratoire fournit davantage de dioxygène. La circulation sanguine permet de distribuer ce dioxygène dont les muscles ont besoin.

Tâche à réaliser

Expliquer comment l'appareil cardio-vasculaire modifie son activité pour satisfaire les besoins accrus des organes lors d'un effort physique.

Documents de travail

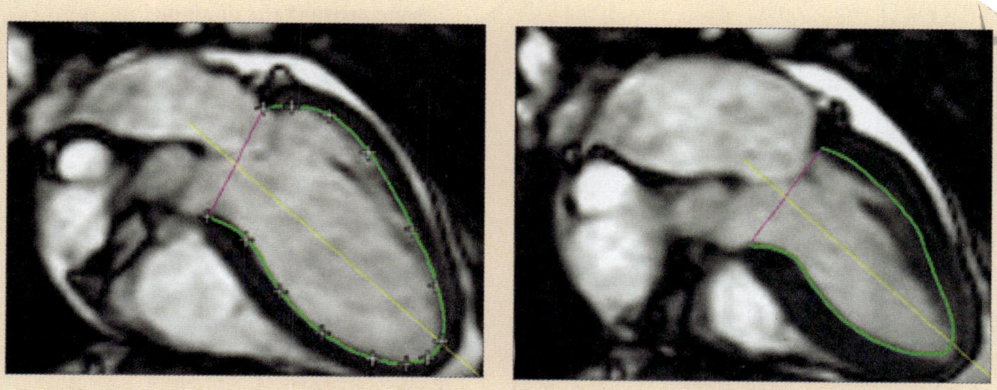

Les photographies ci-dessus sont obtenues par IRM (Imagerie par Résonance Magnétique), elles permettent de mesurer le volume de sang éjecté à chaque contraction du cœur.

Le cliché du haut correspond au ventricule gauche à la fin du remplissage du cœur, le cliché du bas correspond au ventricule gauche à la fin de la contraction du cœur. La différence entre les deux volumes correspond au volume de sang expulsé lors d'une contraction.

Doc. 1 Mesure du volume de sang éjecté par contraction du ventricule gauche au repos.

	Au repos	À l'effort
Rythme cardiaque	86 battements par minute	134 battements par minute
Volume de sang éjecté	5,6 litres par minute	17,5 litres par minute

Doc. 2 Quelques caractéristiques cardiaques lors d'un effort.

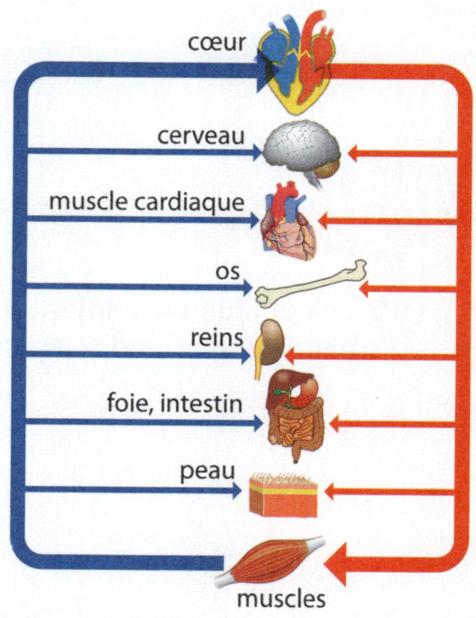

Débit sanguin dans différentes catégories d'organes (mL/min)

repos	activité
750	750
250	750
600	400
1 100	600
1 400	600
500	1 900
1 200	12 500

Doc. 3 La distribution du sang aux organes lors d'un effort physique.

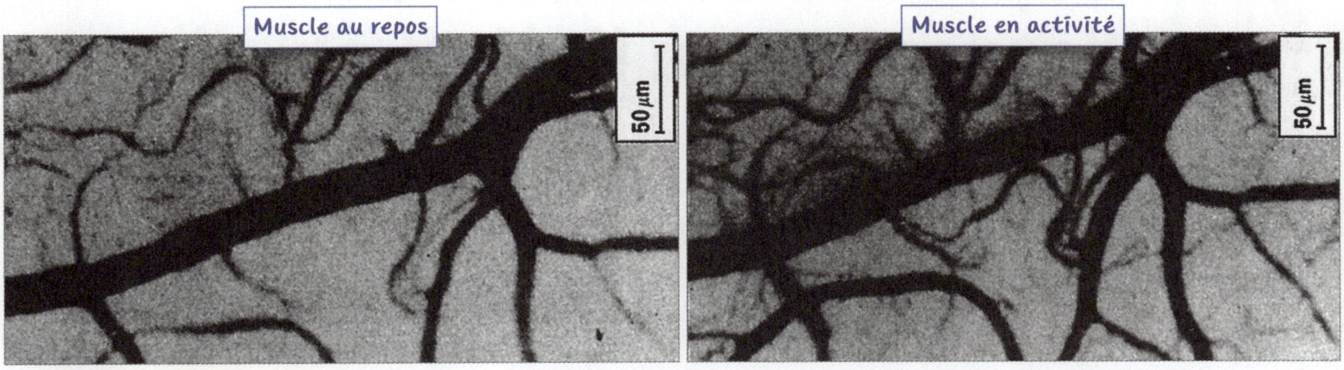

Doc. 4 **Réseau de capillaires dans un muscle au repos ou en activité (MO).** Autour de certains capillaires irriguant les muscles, des structures (sphincters) permettent d'ouvrir ou de fermer le vaisseau temporairement selon les besoins.

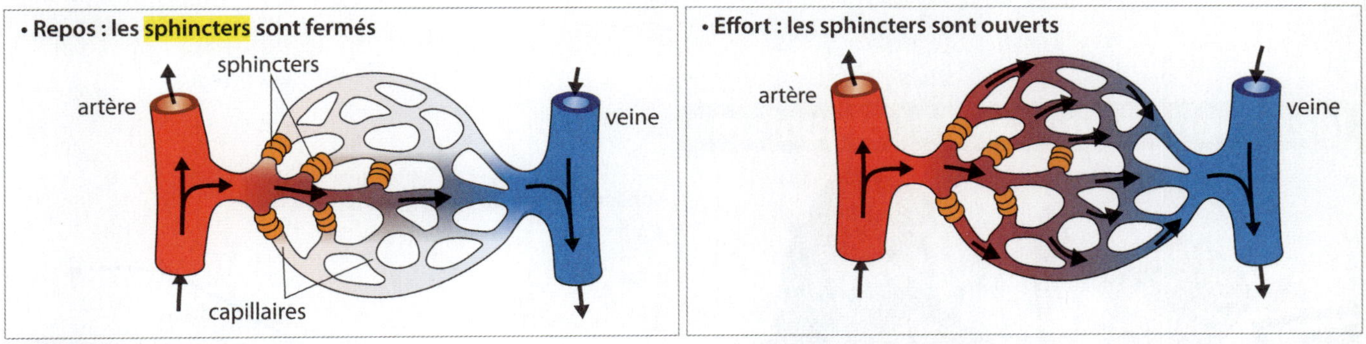

Doc. 5 **Le réseau de capillaires dans un muscle au repos et en activité.**

Les définitions

Réseau de capillaires : ensemble de capillaires reliés entre eux et assurant la jonction entre une artère et une veine au sein d'un organe.

Sphincter : muscle circulaire entourant certains capillaires.

COUP de pouce college.nathan.fr/svt549

Je travaille la méthode : j'écris ce que chaque document me donne comme information puis je mets en relation afin de répondre à la consigne.

Doc. 1 et 2 : ....

....

Doc. 3 : ....

....

....

Doc. 4 : ....

....

....

....

Mise en relation : ....

....

....

....

....

....

UNITÉ 20

Capacités et limites de l'organisme à l'effort physique

Satine, Mélie et Eloïse sont dans la même classe. Leurs performances en endurance lors du cours d'EPS ne sont pas les mêmes.

Formulons le problème

....

....

Identifier les limites de l'organisme

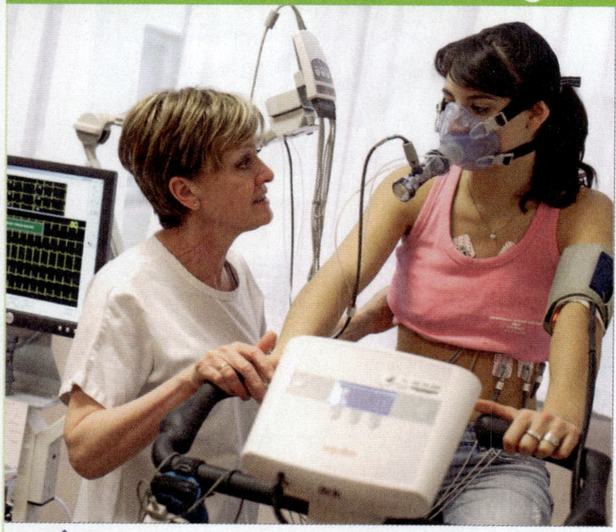

Doc. 1 Mesures de paramètres physiologiques lors d'un test à l'effort. Le volume de dioxygène consommé et les paramètres cardiaques sont enregistrés. L'intensité de l'effort augmente progressivement au cours du test.

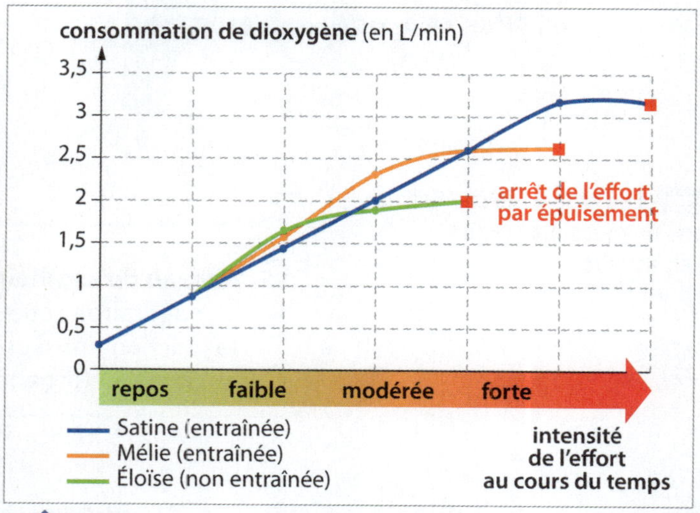

Doc. 2 Évolution de la consommation de dioxygène en fonction de l'intensité de l'effort chez les trois jeunes filles. Le volume de dioxygène consommé par l'organisme augmente régulièrement jusqu'à atteindre une valeur maximale appelée **VO_2 max**.

COUP de pouce college.nathan.fr/svt550

1 **Déterminer graphiquement sur le doc. 2 la VO_2 max de chaque jeune fille puis montrer qu'il existe différentes limites de l'organisme face à l'effort.**

....

....

....

....

....

....

....

....

....

....

3 BONNE SANTÉ ET BIEN-ÊTRE

Mesurer les effets de l'entraînement sportif

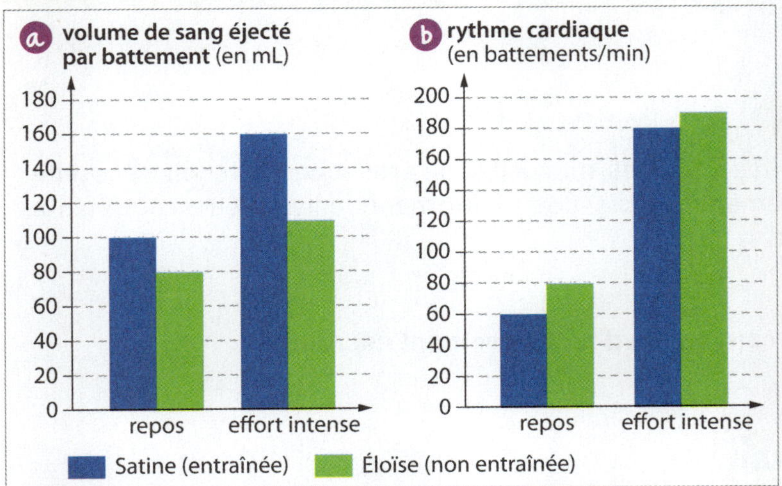

Doc. 3 Mesures des paramètres cardiaques chez Satine et Éloïse au repos et lors d'un effort intense : volume de sang éjecté (a) et rythme cardiaque (b).

Élèves	En début de cycle d'entrainement	Après 6 semaines d'entrainement
Mélie	10,5 km/h	11,5 km/h
Eloïse	9 km/h	11 km/h
Satine	13 km/h	15,5 km/h
....	....	....

Doc. 4 Effet de l'entraînement sur les performances sportives. Lors d'un cycle d'entraînement en EPS, des élèves mesurent leur VMA (vitesse maximale aérobie). Lorsque la VMA est atteinte, la consommation en dioxygène par les muscles est maximale. L'organisme atteint une limite.

2 **Décrire les effets de l'entraînement sur les paramètres physiologiques (rythme cardiaque et volume de sang éjecté lors d'une contraction cardiaque).**

....

....

....

....

....

3 **À partir de l'ensemble des documents de l'unité, expliquer les effets de l'entrainement sportif sur les performances et donc sur les limites de l'organisme.**

....

....

....

....

....

....

Les définitions

VO_2 max : volume maximal de dioxygène pouvant être inspiré lors d'un effort physique.

Notion à retenir

4 **En conclusion, rédiger une réponse au problème posé.**

....

....

....

UNITÉ 21

Des mouvements sous contrôle nerveux

TÂCHE COMPLEXE

Situation déclenchante

Comme les autres activités sportives, manuelles ou artistiques, le tennis nécessite la réalisation de mouvements précis. Ces mouvements doivent être contrôlés à l'échelle de l'organisme.

Tâche à réaliser

Expliquer comment la commande d'un mouvement est réalisée.

Documents de travail

Doc. 1 Deux champions de tennis. Michaël Jérémiasz (à gauche), porte-drapeau de l'Équipe de France paralympique pour les Jeux de Rio (2016), et Jo-Wilfried Tsonga (à droite). En 2000, Michaël Jérémiasz a été victime d'un accident de ski : il est **paraplégique**.

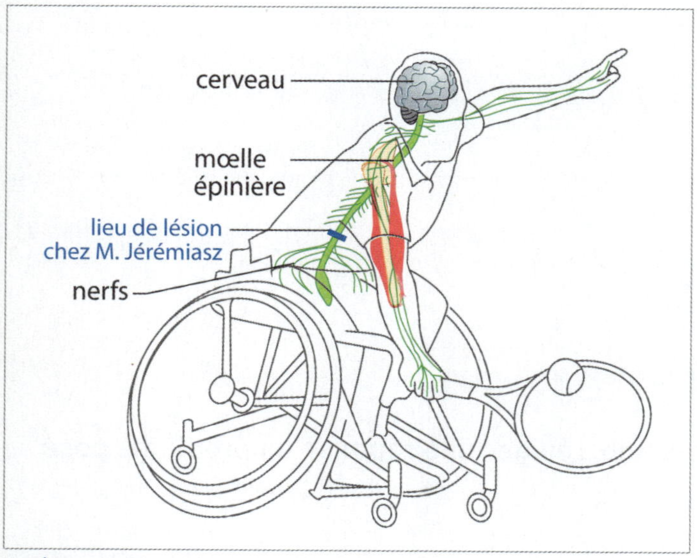

Doc. 2 Organisation du système nerveux de Michaël Jérémiasz. Le système nerveux est constitué de centres nerveux (cerveau et moelle épinière) et de **nerfs**.

Comme le cerveau, la moelle épinière est un centre nerveux. Elle permet la circulation des messages nerveux entre le cerveau et les membres supérieurs et inférieurs par exemple. Elle est capable également d'analyser les messages reçus et d'élaborer en conséquence de nouveaux messages qui provoquent une action.

Doc. 3 Les rôles de la moelle épinière.

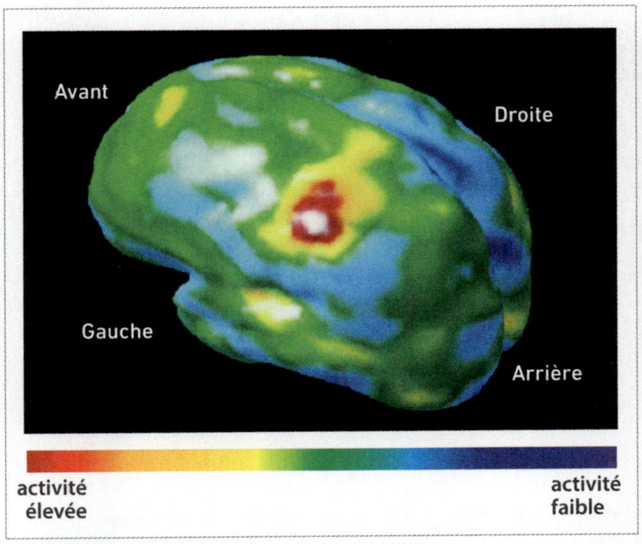

Doc. 4 Activité du cerveau lors du mouvement du bras droit chez un patient. L'activité du cerveau est mesurée grâce à l'afflux sanguin. Plus une zone est active, plus elle consomme du glucose et du dioxygène et donc plus l'afflux sanguin sera important au niveau de cette zone.

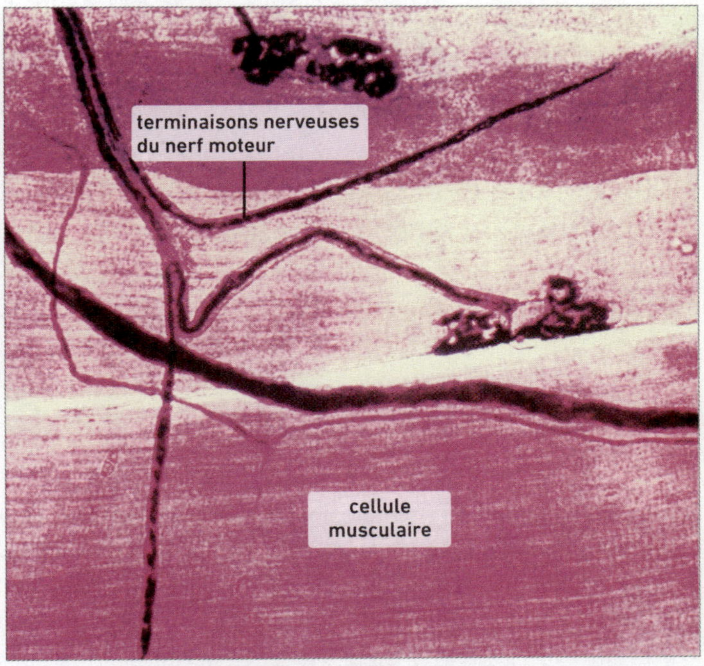

Doc. 5 Jonctions neuro-musculaires au niveau du bras.

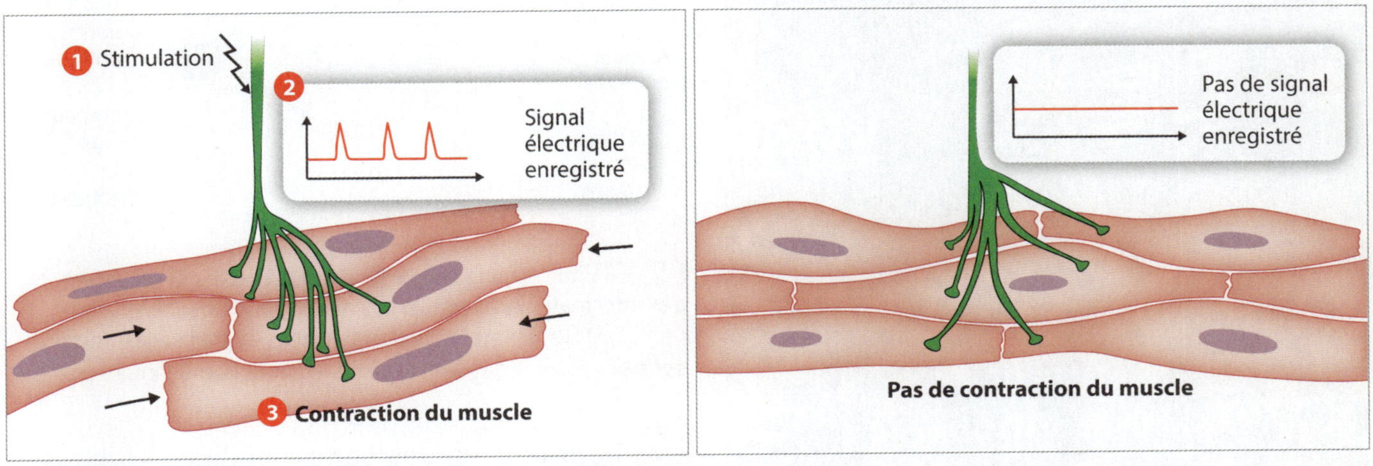

Doc. 6 Relation entre activité du nerf et contraction du muscle.

Les définitions

- **Centre nerveux** : structure capable de recevoir un message nerveux, de le traiter et de formuler un nouveau message nerveux.
- **Message nerveux** : activité électrique se propageant dans les cellules nerveuses.
- **Nerf** : structure constituée des axones des cellules nerveuses et capable de transmettre des messages nerveux.
- **Paraplégie** : impossibilité de mouvement des membres supérieurs ou inférieurs.

COUP de pouce college.nathan.fr/svt553

Je complète le schéma fonctionnel de la commande d'un mouvement.

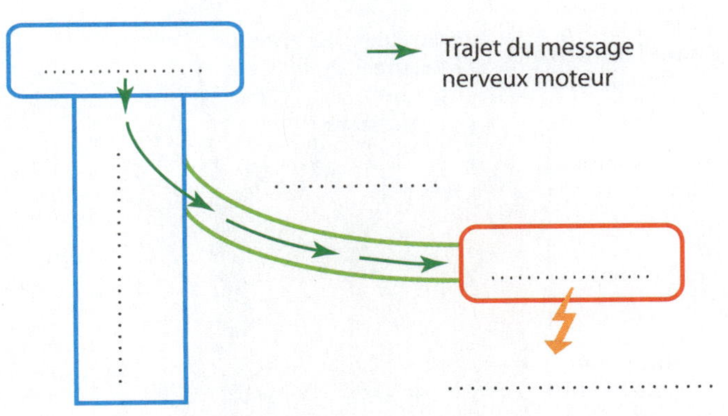

....

....

....

UNITÉ 22

La perception de l'environnement

La pratique d'un sport comme le basket-ball, mais aussi de toutes les activités d'un être humain, nécessite la perception de l'environnement.

Formulons le problème

....

Identifier les organes qui permettent la réception des informations

Doc. 1 **Les sens mobilisés lors d'un tir au basket-ball.** Les yeux sont fixés sur le panier, les doigts sont au contact de la balle. Des informations sonores, comme les coups de sifflet de l'arbitre, sont captées par les oreilles.

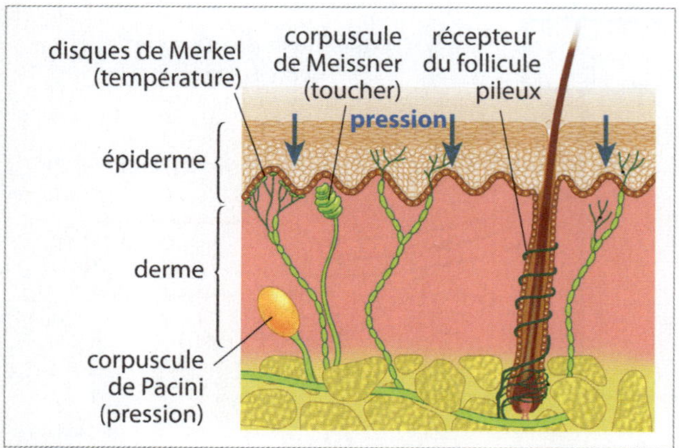

Doc. 3 **Récepteurs sensoriels au niveau de la peau.** Ces différents récepteurs transforment les informations reçues en messages nerveux sensitifs.

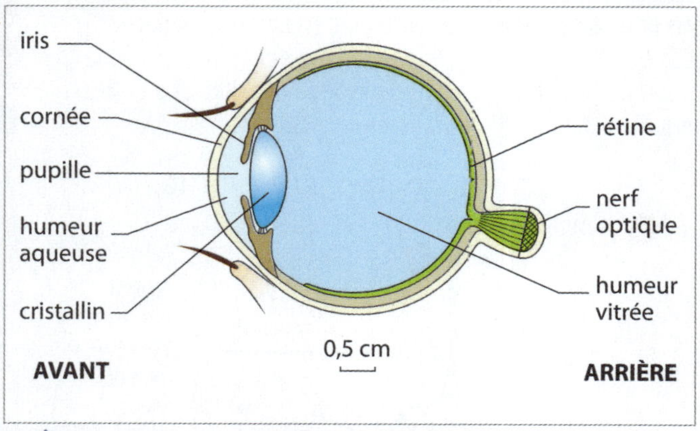

Doc. 2 **L'œil, organe sensoriel spécialisé dans la réception des informations visuelles.** Les informations visuelles sont reçues par la rétine et sont transformées en **messages nerveux sensitifs**. Ceux-ci gagnent le cerveau par le nerf optique.

1 **Pour chacun des sens mobilisés par la basketteuse, préciser le type d'information captée, ainsi que la structure réceptrice de cette information (structure appelée récepteur sensoriel).**

....

....

....

....

....

....

....

....

....

....

....

....

Comprendre la transmission des messages jusqu'au cerveau

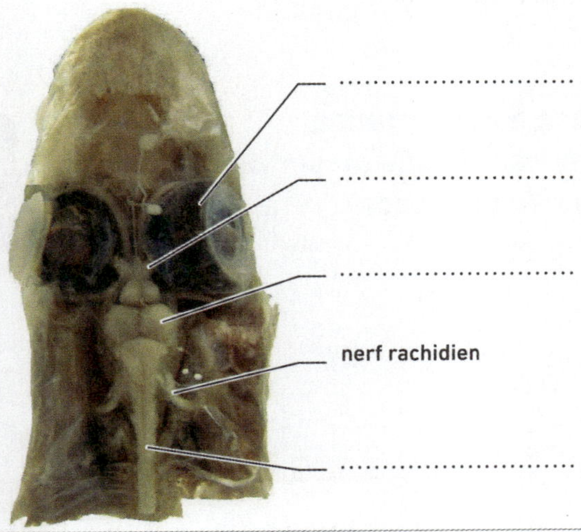

Doc. 4 Dissection du système nerveux d'un poisson (vu à l'œil nu).

Réaliser une dissection

1. Mettre le poisson sur le ventre dans la cuvette.
2. À l'aide de la pince, retirer la peau au-dessus de la tête.
3. À l'aide des ciseaux, découper la boîte crânienne sur les deux côtés (au-dessus des yeux) en partant de l'arrière du crâne vers l'avant.
4. Utiliser les ciseaux pour retirer cette partie du crâne.
5. Retirer à l'aide de pinces les tissus jusqu'à découvrir le lien entre les yeux et le cerveau.

VIDÉO d'expérience college.nathan.fr/svt555

2 **Légender la photographie de la dissection avec les mots suivants : *œil, nerf optique, cerveau, moelle épinière*.**

3 **Interpréter les informations apportées par le doc. 5 pour mettre en évidence le rôle du nerf optique.**

....

....

....

....

....

....

....

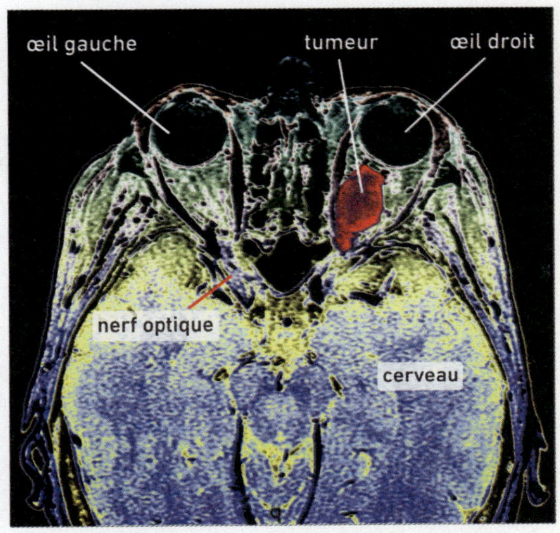

Doc. 5 **Rôle des nerfs dans la transmission des informations. IRM** du cerveau chez un patient ayant une tumeur sur le nerf optique de l'œil droit. Le patient est aveugle avec cet œil. Après avoir retiré la tumeur, le patient retrouve une vue presque totale.

Les définitions

IRM : technique d'imagerie par résonnance magnétique.

Message nerveux sensitif : message nerveux issu d'un récepteur sensoriel, en direction d'un centre nerveux.

Récepteur sensoriel : organe qui reçoit l'information sensorielle et transmet un message nerveux au cerveau.

Notion à retenir

4 **En conclusion, compléter le schéma pour répondre au problème posé.**

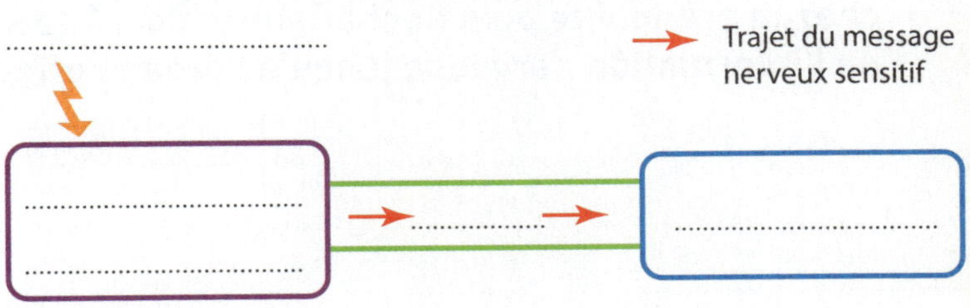

Titre : ....

....

UNITÉ 23

De la perception au mouvement

La perception de l'environnement est réalisée grâce à des organes sensoriels. Des informations nerveuses sont alors transmises au cerveau qui les traitera pour entraîner en réponse un mouvement adapté.

Formulons le problème

....

....

Comprendre la commande du mouvement

VIDÉO d'expérience college.nathan.fr/svt556

François Magendie 1783-1855

François Magendie est un médecin et physiologiste français. Il est considéré comme un des pionniers de la physiologie (étude du fonctionnement de l'organisme) expérimentale moderne. Ses travaux expérimentaux ont participé à découvrir le rôle de la moelle épinière entre autres.

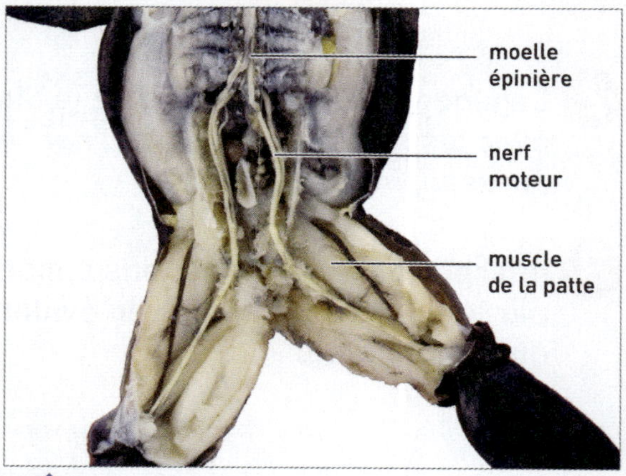

Doc. 1 Dissection d'une patte de grenouille pour mettre en évidence les structures à l'origine du mouvement.

Partie du système nerveux sectionné	Comportement de la grenouille
1. Grenouille intacte : aucune partie sectionnée	La grenouille écarquille les yeux et saute pour s'enfuir.
2. Section du nerf optique	La grenouille n'écarquille pas les yeux et ne fléchit pas les pattes pour s'enfuir.
3. Section d'une partie du système nerveux : la moelle épinière de la grenouille.	La grenouille écarquille les yeux mais ne fléchit pas ses pattes pour s'enfuir.
4. Section du nerf moteur (nerf sciatique) reliant la moelle épinière au muscle de la patte.	La grenouille écarquille les yeux mais ne fléchit pas ses pattes pour sauter et s'enfuir

Doc. 2 Résultats des expériences historiques de section menées sur une patte de grenouille.
Les chercheurs stimulent les organes visuels de la grenouille en s'approchant d'elle pour activer un comportement de fuite : elle le perçoit, écarquille les yeux puis fléchit ses pattes et saute.

1 Comment se nomme l'expérience 1 menée dans le doc. 2 ?

....

2 Nommer les structures nerveuses qui permettent la réalisation du mouvement chez la grenouille puis flécher sur le doc. 1 le sens du trajet du trajet de l'information nerveuse jusqu'à l'organe effecteur.

....

....

....

....

....

Comprendre le rôle du cerveau

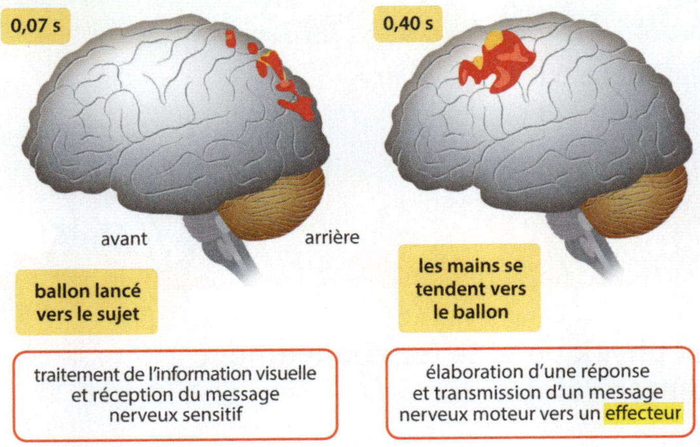

Doc. 3 Résultats d'une IRMf réalisée lors d'un tir au basket-ball.

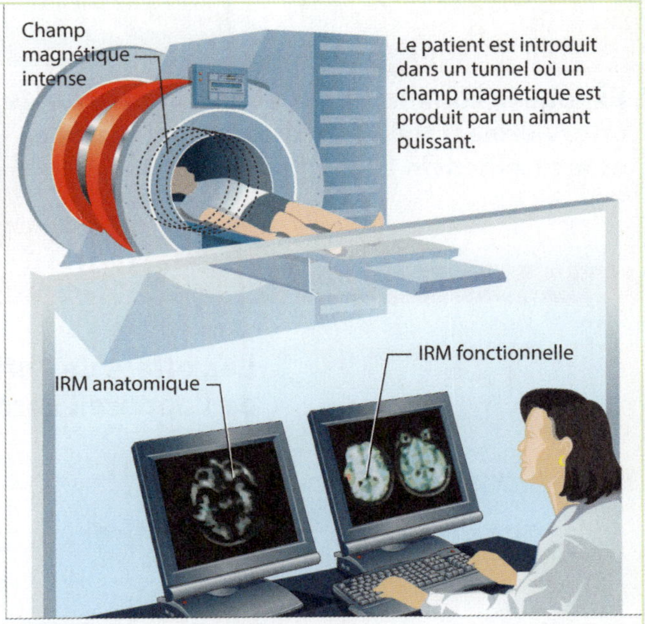

Doc. 4 Principe de l'IRMf, technique permettant d'étudier l'anatomie et le fonctionnement du cerveau.

3 **Entourer sur le schéma du doc. 5 les aires du cerveau activées 0,07 s puis 0,40 s après un tir au basket-ball. Tracer le trajet des informations nerveuses.**

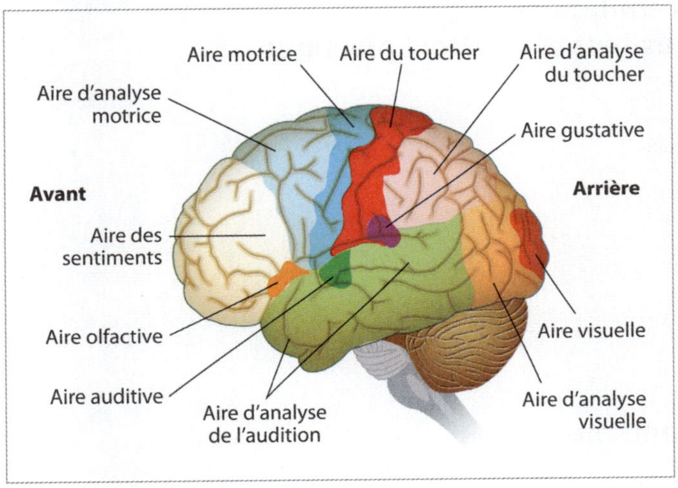

Le cerveau est un centre nerveux complexe. Il est composé de plus de 100 milliards de cellules nerveuses. Pour fonctionner, le cerveau utilise un type de glucides particuliers, le glucose, et il consomme beaucoup de dioxygène. Alors qu'il ne représente que 2 % de la masse du corps (1,3 à 1,4 kg), il concentre 15 % des apports sanguins au repos, et 4 % à l'effort.
Le cerveau est divisé en deux hémisphères (droite et gauche). Différentes zones, chacune spécialisée, peuvent être définies dans ces lobes : ce sont les aires cérébrales.

Doc. 5 Le cerveau humain.

Les définitions

Effecteur : organe capable de réaliser un mouvement lorsqu'un message nerveux arrive.

Nerf moteur : nerf transportant un message nerveux moteur qui permet la contraction des muscles.

Nerf optique : nerf transportant les messages nerveux visuels.

Notion à retenir

4 **En conclusion, compléter le schéma ci-contre pour répondre au problème posé.**

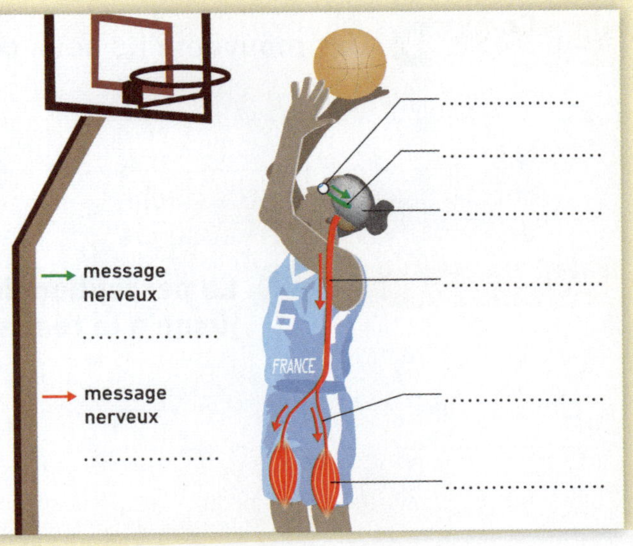

BILAN Le fonctionnement de l'organisme lors d'un effort physique

Objectif du chapitre

Expliquer comment le système nerveux et le système cardiovasculaire interviennent lors d'un effort musculaire en identifiant les capacités et les limites de l'organisme.

Formuler les notions clés

UNITÉS 16 ET 17 ▶ **Les effets de l'effort physique et le fonctionnement de l'appareil cardio-respiratoire**

UNITÉS 18 ET 19 ▶ **Les modifications ventilatoires et cardio-vasculaires lors d'un effort physique**

UNITÉ 20 ▶ **Capacités et limites de l'organisme**

UNITÉ 21 ▶ **Des mouvements sous contrôle nerveux**

UNITÉS 22 ET 23 ▶ **La perception de l'environnement jusqu'à la réalisation du mouvement**

Retenir par l'image

SCHÉMA animé college.nathan.fr/svt559

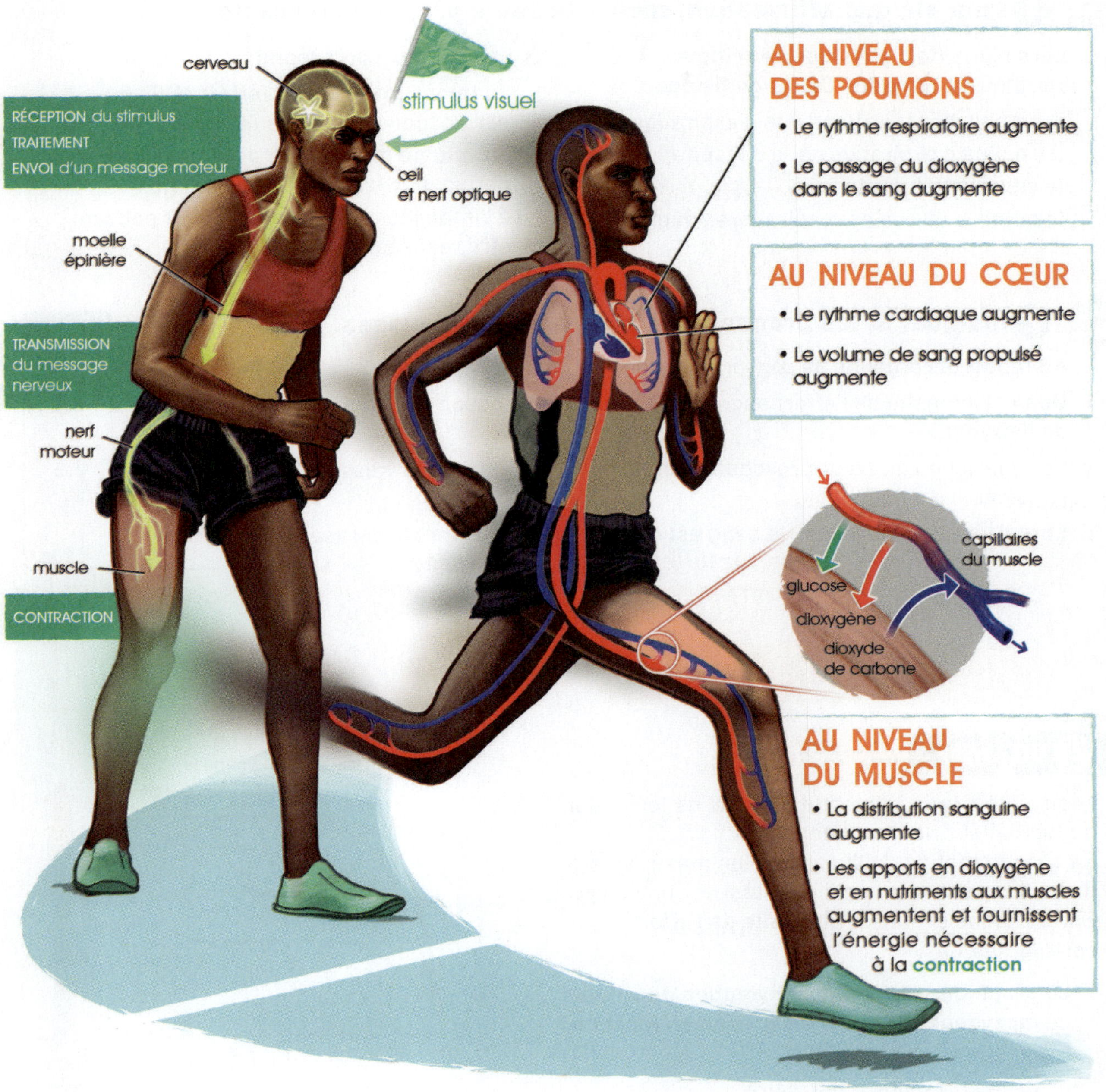

Formuler un résumé du chapitre

....

....

....

....

....

....

Exercices

Tester ses connaissances

QCM supplémentaires college.nathan.fr/svt560

QCM

1 Pour chaque affirmation, cocher la seule proposition exacte.

a. Lors d'un effort physique, le rythme respiratoire augmente. Cela signifie que :

- ☐ il y a plus d'inspirations que d'expirations
- ☐ il y a plus d'expirations que d'inspirations
- ☐ le cœur bat plus vite
- ☐ le nombre de cycles respiratoires augmente

b. Le VO_2 max correspond :

- ☐ au temps maximal de l'effort réalisé par un individu jusqu'à l'épuisement
- ☐ au volume maximal de dioxygène inspiré par un individu lors d'un effort
- ☐ à l'intensité maximale de l'effort pouvant être réalisé par un individu

VRAI FAUX

2 Indiquer si les propositions sont vraies ou fausses.

	Vrai	Faux
a. Au repos, les organes ne consomment pas de dioxygène.	☐	☐
b. Quand l'intensité de l'effort augmente, les muscles consomment moins de dioxygène.	☐	☐
c. La contraction du cœur provoque l'expulsion du sang dans les vaisseaux sanguins.	☐	☐
d. Lors d'un effort physique, le sang est envoyé en priorité vers le cerveau.	☐	☐

Utiliser ses connaissances

3 VO_2 max

Léon a été admis à l'Institut national de formation du footballeur de Clairefontaine.
Sa consommation de dioxygène est mesurée lors d'une série d'exercices (5 minutes) sur une bicyclette.
Entre chaque exercice, l'intensité de l'effort est augmentée.

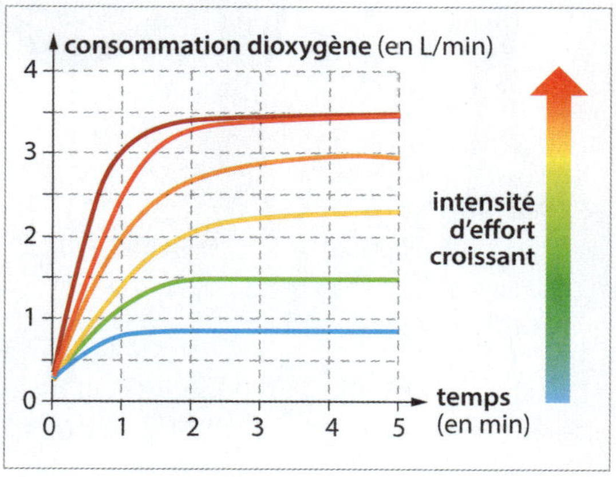

1. Le graphique représente l'évolution du volume de dioxygène consommé par Léon en fonction :

- ☐ du temps
- ☐ de la puissance musculaire
- ☐ de l'intensité de l'effort
- ☐ du temps et de l'intensité de l'effort

2. Léon possède un VO_2 max de :

☐ 2,2 L/min ☐ 3 L/min ☐ 3,5 L/min

3. Montrer que l'augmentation de la consommation de dioxygène lors d'un effort d'intensité croissante est limitée.

....

....

....

....

....

....

Approfondir

4 Volume d'air inspiré et expiré

Élisa a enregistré, grâce à un dispositif ExAO, son volume d'air inspiré et expiré pendant 20 secondes au repos et lors d'une série de flexions (doc. 1).

1. **Rappeler la définition de fréquence ventilatoire.**

....

....

....

2. **Dans un tableau, pour chacune des situations (repos ou activité), indiquer les valeurs calculées du rythme respiratoire et du volume d'air inspiré par cycle. Expliquer les calculs.**

	Au repos	Lors d'une série de flexions
Rythme respiratoire (cycles par minute)	....	....
Volume d'air inspiré (L)	....	....

....

....

....

....

....

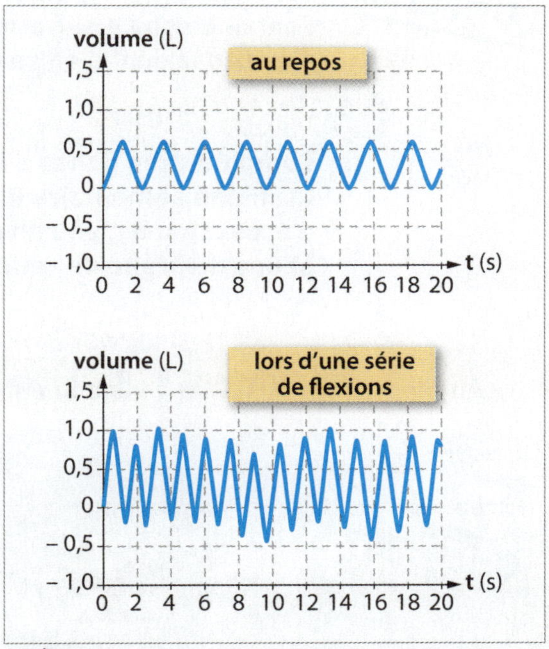

Doc. 1 Enregistrements obtenus par Élisa.

Élisa est asthmatique. Lors d'un effort en EPS, une crise est survenue, les muscles entourant ses bronchioles se sont contractés (doc. 2).

3. **Décrire les modifications au niveau des voies respiratoires lors d'une crise d'asthme.**

....

....

....

....

....

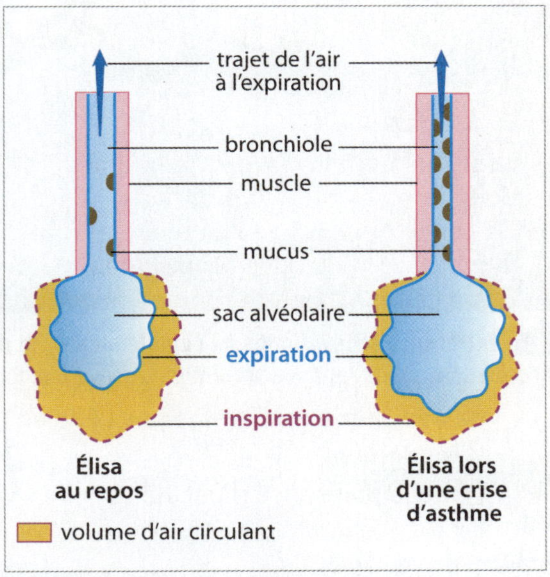

Doc. 2 Schéma d'une alvéole respiratoire d'Élisa.

4. **Expliquer les conséquences de ces modifications pour la réalisation d'un effort physique.**

....

....

....

....

EXERCICES supplémentaires college.nathan.fr/svt561

UNITÉ 24

Écosystèmes et biodiversité

TÂCHE COMPLEXE

Situation déclenchante

Lors d'une sortie, Chloé et Romain découvrent la mare aux Evées, en forêt de Fontainebleau. Leur professeur leur parle d'écosystèmes et de biodiversité. Les élèves décident d'en savoir plus.

Tâche à réaliser

Compléter les fiches d'identité de chaque espèce rencontrée (doc. 1), la chaîne alimentaire (doc. 6), puis montrer qu'il existe une diversité d'écosystèmes, une diversité d'êtres vivants au sein d'un écosystème, et une diversité de relations entre les êtres vivants.

Documents de travail

15 VIE TERRESTRE

Doc. 1 Différents écosystèmes à l'échelle locale : la mare aux Evées en forêt de Fontainebleau (77).
Les racines du cyprès chauve sortent de terre et forment des pneumatophores pour vivre au bord de l'eau.

Chêne pédonculé *Quercus robur* .....
- **Groupe :** ....
- **Milieu de vie :** forêt

Hêtre commun *Fagus sylvatica* .....
- **Groupe :** ....
- **Milieu de vie :** forêt

Iris des marais *Iris pseudacorus* .....
- **Groupe :** ....
- **Milieu de vie :** bord de l'eau

Grenouille verte *Pelophylax kl. esculentus* .....
- **Groupe :** ....
- **Milieu de vie :** mare

Salamandre tachetée *Salamandra salamandra* .....
- **Groupe :** ....
- **Milieu de vie :** forêt

Cyprès chauve *Taxodium distichum* .....
- **Groupe :** ....
- **Milieu de vie :** bord de mare

Doc. 2 Papillon suçant du nectar d'une fleur (contribuant à la pollinisation des fleurs).

Doc. 3 Libellule se nourrissant d'un papillon.

Doc. 4 Grenouille venant de capturer une libellule.

Doc. 5 Héron capturant une grenouille pour se nourrir.

.... → .... → .... → .... → ....

est mangé par →

Doc. 6 Chaîne alimentaire.

COUP de pouce college.nathan.fr/svt563

Je rédige une réponse structurée en paragraphes.

....
....
....
....
....
....
....
....
....
....
....
....
....
....

Les définitions

Biodiversité : ensemble de la diversité du vivant en un lieu donné.

Chaîne alimentaire : dans un écosystème, les espèces peuvent se nourrir aux dépens de certaines espèces ou servir de nourriture pour d'autres espèces. L'ensemble de ces relations constitue une chaîne alimentaire.

Écosystème : ensemble formé par une association d'êtres vivants, ainsi qu'un milieu de vie défini par la température, les précipitations, etc.

UNITÉ 25

Répartition des êtres vivants, conditions locales et globales

Les activités humaines peuvent modifier localement un écosystème (barrage dans une rivière), ou avoir un effet plus global (réchauffement climatique).

Formulons le problème

....

....

Identifier les conséquences humaines locales sur l'écosystème rivière

Doc. 1 Un barrage hydroélectrique permet de produire de l'électricité sans émission de gaz à effet de serre. C'est une source d'énergie renouvelable.

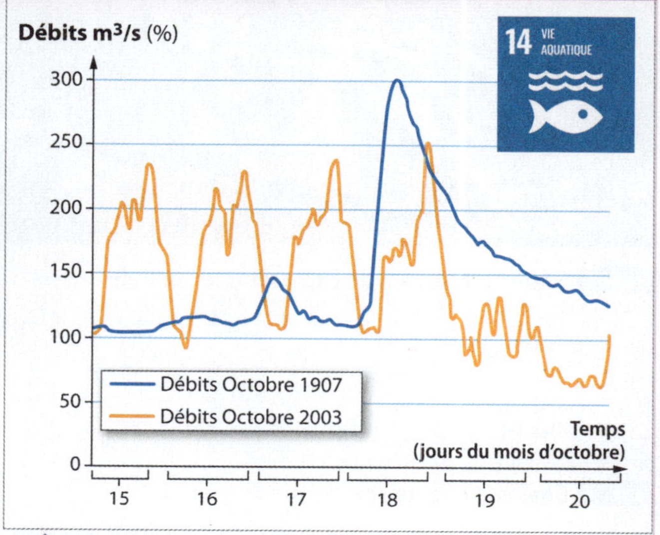

Doc. 2 Débits du Rhône à Vouvry avant et après la construction des barrages. Quand le débit (courant) augmente, des végétaux sont arrachés en aval du barrage.

Doc. 3 Passe à poisson à côté d'un barrage. La réalisation d'un barrage ne permet plus aux poissons migrateurs de remonter la rivière. La passe à poissons à côté d'un barrage permet aux saumons de remonter la rivière jusqu'au lieu de leur reproduction.

Doc. 4 Renoncules aquatiques colonisant l'aval du barrage. Les Renoncules possèdent des racines profondes qui permettent de résister à un courant important. Elles se multiplient lorsque le lit de la rivière est débarrassé des autres végétaux.

1 **Sur le doc. 1, préciser l'endroit où le courant est faible, et l'endroit où le courant est fort. Sur le doc. 2, entourer les jours où le débit est plus fort (en octobre 2003). Sur le doc. 3, représenter avec une flèche le sens de la migration.**

2 **Préciser les actions de l'être humain sur l'écosystème, et les conséquences.**

....

....

....

....

....

13 MESURES RELATIVES À LA LUTTE CONTRE LES CHANGEMENTS CLIMATIQUES

Comprendre le changement de répartition d'une population

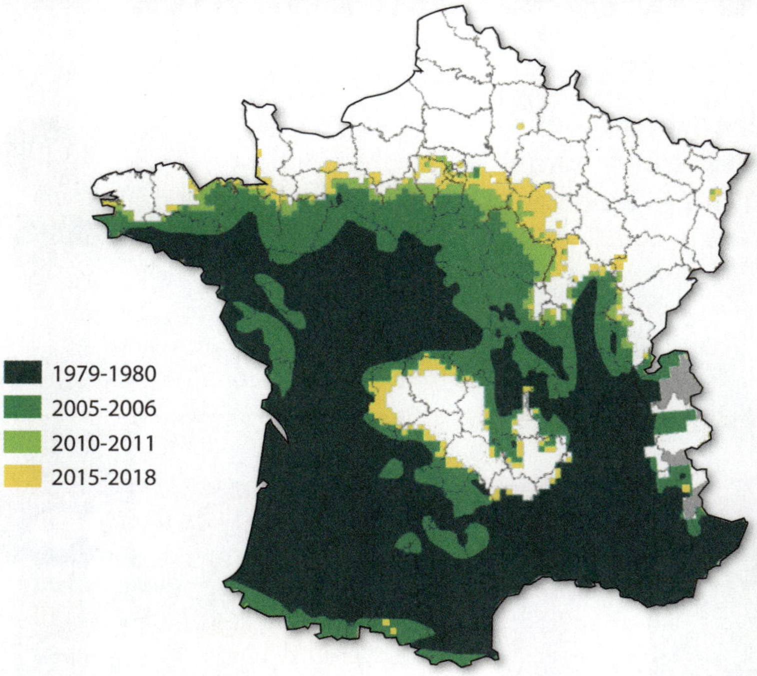

Chenille processionnaire du pin

→ **Groupe :** insectes
→ **Milieu de vie :** nids de soie sur les pins.

Doc. 5 Carte des aires de répartition de la chenille processionnaire du pin en fonction du temps. Les scientifiques ont suivi des populations de chenilles processionnaires du pin depuis 1969.
En plus des données représentées sur la carte, les chercheurs ont calculé que les **populations** de chenilles gagnaient entre 3 et 7 mètres d'altitude par an en zone montagneuse.

3 Interpréter l'évolution de l'aire de répartition des populations de la chenille processionnaire du pin.

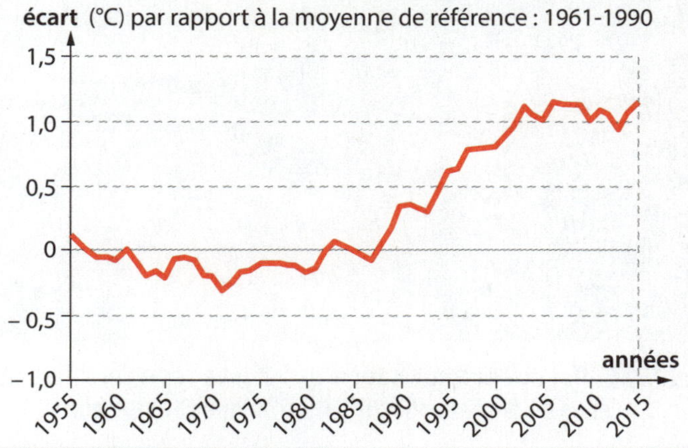

Doc. 6 Évolution des températures moyennes en France métropolitaine entre 1955 et 2015.

Notion à retenir

Les définitions

- **Aire de répartition :** zone géographique où l'on peut rencontrer une espèce donnée.
- **Population :** ensemble d'individus d'une même espèce et peuplant une région donnée.

4 En conclusion, rédiger une réponse au problème posé.

UNITÉ 26

Des actions humaines qui modifient la biodiversité

L'être humain, comme toute espèce, vit en interaction avec les autres êtres vivants et le milieu dans lequel il vit. L'être humain fait donc partie intégrante de l'écosystème. Il peut agir sur la biodiversité.

Formulons le problème

....

14 VIE AQUATIQUE

Comprendre un impact indirect sur la biodiversité aquatique

Doc. 1 Effet de l'eutrophisation. Les algues vertes prolifèrent. Lorsqu'elles se dégradent, la quantité de dioxygène diminue dans l'eau.

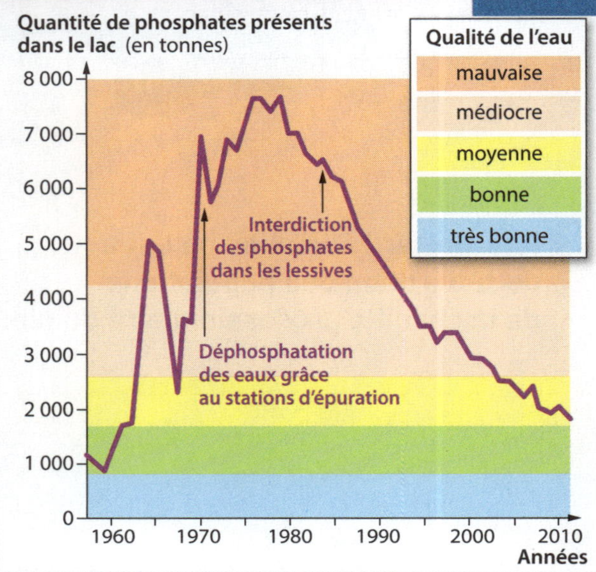

Doc. 2 Évolution de la quantité de phosphates dans le lac Léman. Le phosphate est un composé présent notamment dans les lessives.

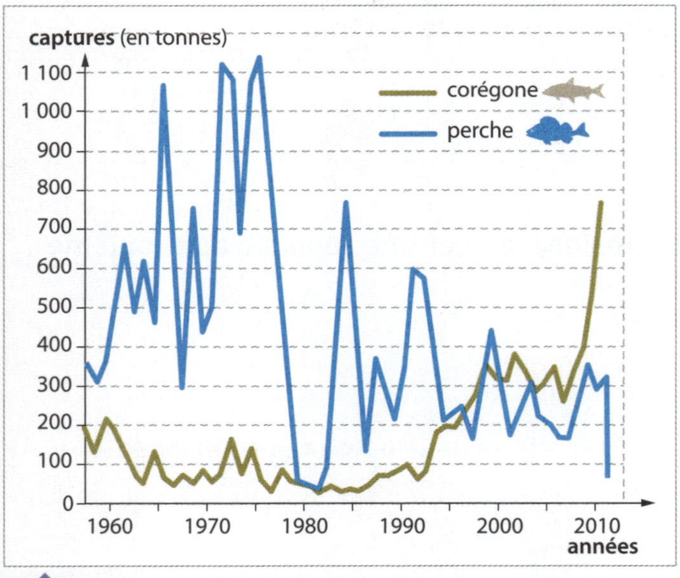

Doc. 3 Capture de corégone dans le lac Léman. L'importance des prises souligne l'abondance de la population présente dans le lac. Les corégones vivent dans les eaux riches en dioxygène. Les perches prolifèrent dans les eaux anoxiques.

1 Décrire l'impact de l'être humain sur l'écosystème du lac Léman.

....

....

....

....

....

....

....

....

....

....

....

13 MESURES RELATIVES À LA LUTTE CONTRE LES CHANGEMENTS CLIMATIQUES

Comprendre un impact indirect sur la biodiversité terrestre

Doc. 4 Monoculture de palmiers à huile. La biodiversité végétale dans ces plantations se réduit à un seul type d'arbres (les palmiers à huiles) cultivés pour produire de l'huile alimentaire et des biocarburants.

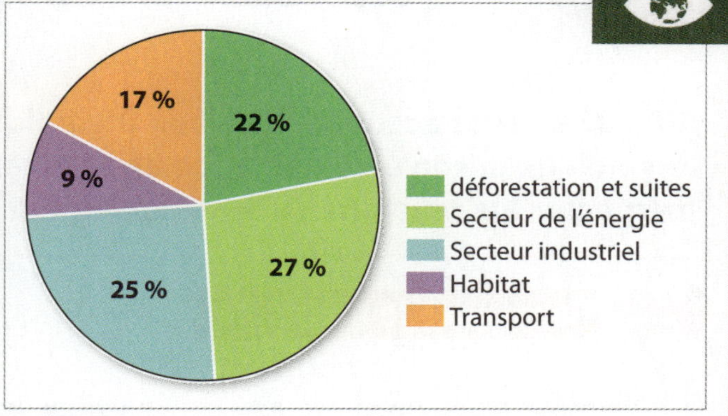

Doc. 5 Répartition des émissions mondiales de dioxyde de carbone. Le dioxyde de carbone est un gaz à effet de serre. Lorsque des arbres sont coupés, ils ne peuvent plus absorber le dioxyde de carbone, qui reste alors dans l'atmosphère.

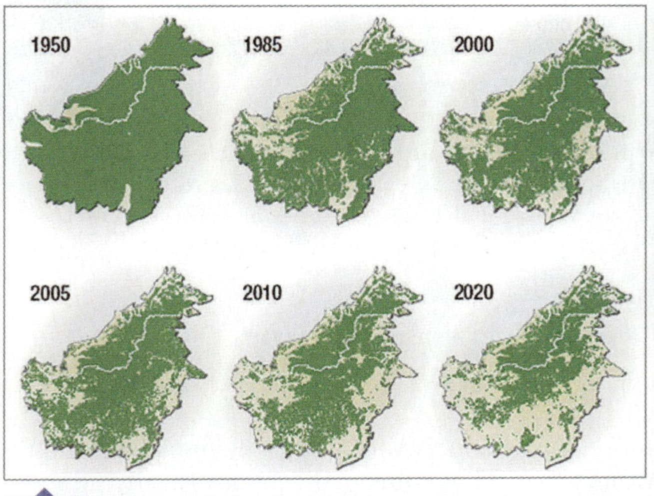

Doc. 6 La forêt primaire de Bornéo au cours du temps.

Doc. 7 Quatre mammifères menacés par les activités humaines.

2 **Expliquer l'impact de l'être humain sur l'écosystème de la forêt de Bornéo.**

....

....

....

....

Les définitions

Eutrophisation : forme de pollution de certains écosystèmes aquatiques qui se produit lorsque le milieu reçoit trop de matières nutritives (principalement les phosphates) assimilables par les algues et que celles-ci prolifèrent.

Notion à retenir

3 **En conclusion, rédiger une réponse au problème posé.**

....

....

....

....

UNITÉ 27

Protection, préservation et restauration des écosystèmes

En 2024, Paris accueille les Jeux Olympiques. La construction du village olympique prend en compte les êtres vivants présents, et souhaite respecter les objectifs du développement durable.

Formulons le problème

....

....

Atténuer et prévenir les actions humaines sur un écosystème

Doc. 1 Potager sur le toit d'un immeuble. Les fleurs permettent d'augmenter les populations de papillons et d'abeilles.

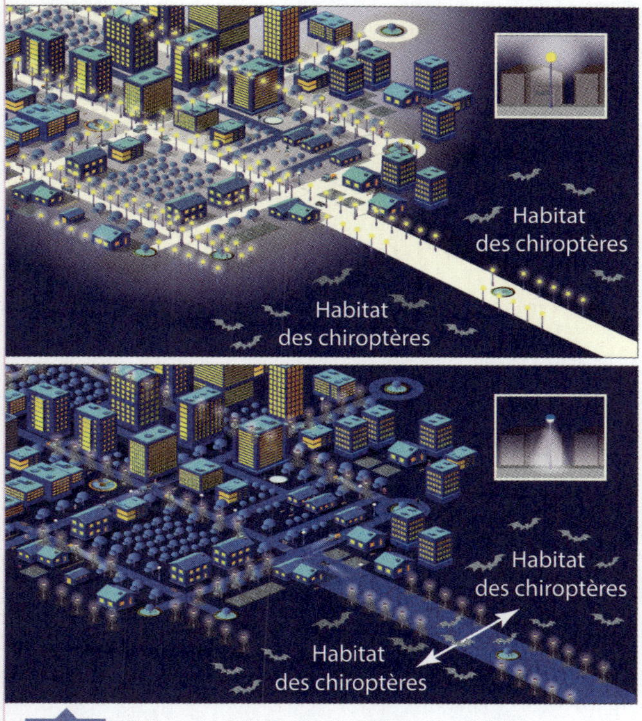

Doc. 2 Différents éclairages urbains. Un éclairage urbain trop intense fragmente l'habitat des chauves-souris. Un éclairage moins intense ménage des zones de passages (trame noire) entre les différents habitats.

La Pipistrelle commune (chauve-souris)

Pipistrellus pipistrellus

- → **Groupe :** mammifère
- → **Régime alimentaire :** insectes (mouches, papillons…)
- → **Habitat en ville :** greniers, derrière les volets, toiture, caves. Les populations de pipistrelles sont en déclin là où il y a un éclairage nocturne omniprésent.

Calendrier des travaux

J	F	M	A	M	J	J	A	S	O	N	D

Les chauves-souris sont présentes dans les habitations lorsqu'elles hibernent, de novembre à début mars, et lorsqu'elles mettent bas, de juin à début septembre.

Doc. 3 Le cycle de vie des chauves-souris (ou chiroptères).

1 Quel est l'intérêt des trames noires en habitat urbain ?

....

....

2 Sur le doc. 3, colorer sur le calendrier les mois sur lesquels les travaux dérangeront le moins les chiroptères.

3 Indiquer quels documents présentent des mesures d'atténuation et/ou de prévention.

....

....

....

11 VILLES ET COMMUNAUTÉS DURABLES

Comprendre comment réhabiliter un écosystème

Les trames vertes et bleues constituent un ensemble de lieux terrestres et aquatiques permettant d'accueillir des espèces sauvages. Ces endroits sont connectés entre eux, facilitant le déplacement des espèces sauvages. L'Île-Saint-Denis, sur la Seine près de Paris, initialement zone de friches industrielles a été réhabilitée selon ces principes **A**.

D'autres dispositifs permettent de faciliter le déplacement des chauves-souris comme les chiroptéroducs **B** et l'entretien des haies naturelles. Pour éviter les collisions avec les chauves-souris et les oiseaux, les lignes électriques haute-tension peuvent être enterrées. Chacun peut aussi aménager des nids sur des façades des habitations **C**.

A L'Île-Saint-Denis a fait l'objet d'une réhabilitation au point de vue restauration des écosystèmes et de la biodiversité.

B Chiroptéroduc pour joindre un corridor écologique coupé en deux par l'autoroute A89.

C Façade aménagée pour accueillir les chauves-souris.

Doc. 4 Diverses mesures permettant le retour des chauves-souris dans les paysages urbains.

5 **Parmi toutes les mesures présentées dans le document 4, préciser quelles sont les mesures individuelles, et quelles sont les mesures collectives.**

....

....

....

....

Les définitions

Développement Durable : développement qui répond aux besoins du présent sans compromettre la capacité des générations futures à répondre aux leurs.

Mesures de prévention : mesures réfléchies avant l'action pour éviter les effets négatifs sur la biodiversité existante.

Mesures d'atténuation : mesures permettant de limiter les effets négatifs au minimum sur la biodiversité.

Mesures de réhabilitation : mesures pour réparer, restaurer un écosystème qui a été détruit. Ces mesures permettent le retour d'une biodiversité.

Notion à retenir

6 **En conclusion, rédiger une réponse au problème posé.**

....

....

....

....

....

....

....

UNITÉ 28

Ressources alimentaires terrestres et développement durable

La Terre compte 7 milliards d'êtres humains et probablement 10 milliards en 2050. Cette augmentation de la population entraîne un besoin croissant en ressources alimentaires.

Formulons le problème

....

....

Comprendre les effets des pesticides sur la biodiversité

« Une personne sur neuf dans le monde est sous-alimentée (soit 815 millions). La majorité des personnes souffrant de la faim dans le monde vivent dans un pays en développement, où 12,9 % de la population est sous-alimentée »

L'ONU a défini 17 Objectifs de Développement Durable (ODD).

2 FAIM «ZÉRO»

L'objectif n° 2 est, d'ici à 2030, de développer une forme d'agriculture qui permet de nourrir tout le monde, sans détruire la biodiversité et les sols, et en prenant en compte le réchauffement climatique.
https://www.un.org/sustainabledevelopment/fr/hunger/

Doc. 1 Les Objectifs de Développement Durable.

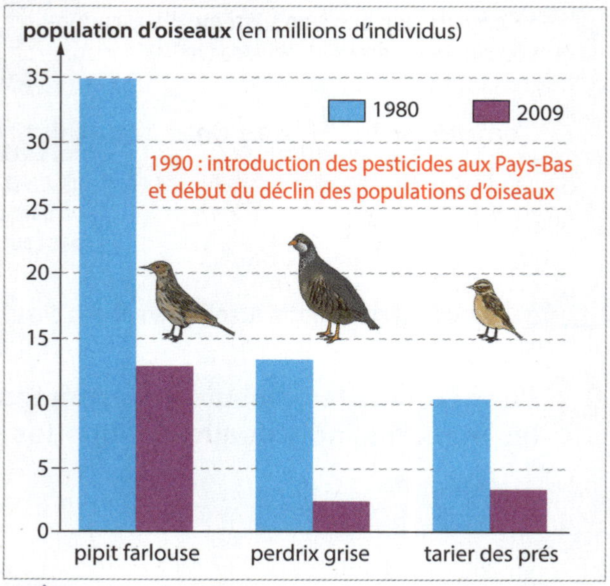

Doc. 2 Effet des pesticides sur des populations d'oiseaux des champs aux Pays-Bas. Les pesticides limitent l'action des ravageurs des cultures et donc augmentent la production de céréales. Ils se retrouvent dans l'eau consommée par les oiseaux, ce qui perturbent leur reproduction.

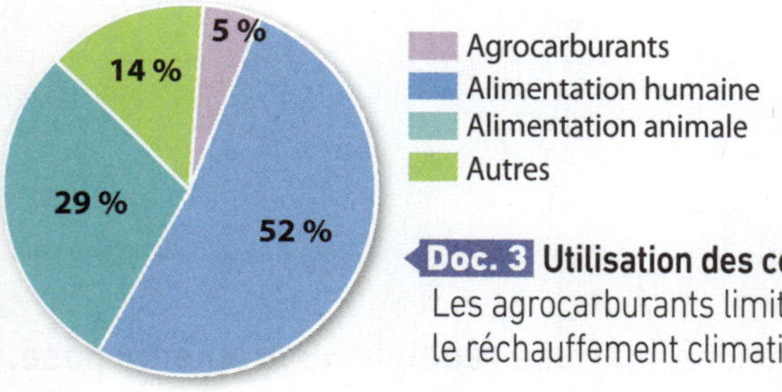

Doc. 3 Utilisation des céréales. Les agrocarburants limitent le réchauffement climatique.

1 **À l'aide des doc. 1 et 2, expliquer l'effet des pesticides sur les oiseaux et expliquer en quoi les pesticides ne vont pas dans le sens de l'ODD n° 2.**

....

....

....

....

2 **À l'aide des doc. 1 et 3, expliquer en quoi une augmentation de l'utilisation des agrocarburants pose problème pour l'alimentation humaine et expliquer en quoi cela pose problème pour atteindre l'ODD n° 2.**

....

....

....

....

....

12 CONSOMMATION ET PRODUCTION RESPONSABLES

Pratiquer des cultures de manière durable

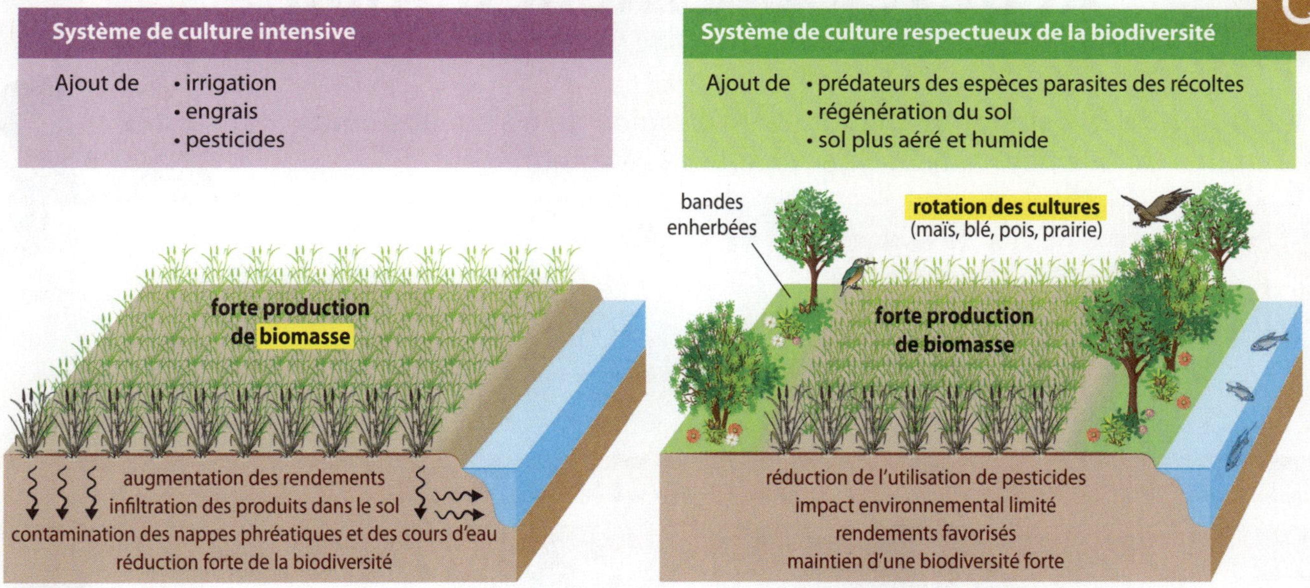

Doc. 4 Comparaison entre un système d'agriculture intensive et un système respectant la biodiversité.
La production de végétaux, dans le cadre de l'agriculture raisonnée, n'épuise pas les sols ; les végétaux poussent chaque année.

3 Compléter le tableau de comparaison des différents systèmes d'exploitation.

	Agriculture intensive	Système respectant la biodiversité
Moyen de protection des cultures	....	....
Techniques pour des sols plus productifs	....	....
Biodiversité (forte/faible)	....	....
Pollution	....	....
Production de biomasse	....	....

Les définitions

Biomasse : masse de matière organique sur une surface donnée.

Pesticide : produit chimique permettant d'éliminer les parasites des cultures.

Rotation des cultures : technique consistant à alterner chaque année les espèces cultivées sur un même champ. Permet aux sols de se renouveler et de gagner en efficacité pour les cultures.

Notion à retenir

4 En conclusion, rédiger une réponse au problème posé.

....

....

....

....

....

....

....

....

UNITÉ 29

Ressources alimentaires marines et développement durable

La moitié de la population mondiale vit à moins de 60 km des côtes et utilise la mer pour puiser des ressources alimentaires.

Formulons le problème

....

Comprendre l'impact de la pêche industrielle sur la biodiversité marine

12 CONSOMMATION ET PRODUCTION RESPONSABLES

Doc. 1 Remontée de filet sur un chalutier de pêche industrielle. La pêche industrielle vise à pêcher de grandes quantités de poissons afin de répondre aux besoins croissants de l'alimentation mondiale. 20 à 50 % des poissons pêchés doivent être rejetés à la mer (espèces non intéressantes commercialement).

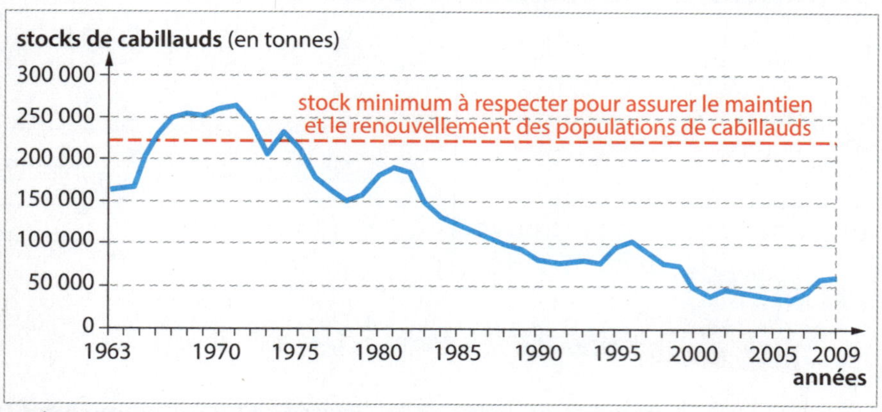

Doc. 2 Évolution des stocks de cabillauds dans la mer du Nord.

La morue de l'atlantique

ou cabillaud *Gadus morhua*

- **Groupe :** poisson à nageoires rayonnées
- **Milieu de vie :** eaux froides de 0 à 15 °C, se rapprochant des côtes en été et s'en éloignant en hiver.
- **Conditions de pêche :** a toujours occupé une grande place dans l'alimentation de l'Atlantique Nord, mais depuis 1970, les ressources s'épuisent ; on n'attrape plus que des juvéniles, qui n'ont pas eu le temps de se reproduire. Les géantes de 100 kg ont disparu.

1 Décrire les impacts positifs et négatifs de la pêche industrielle.

....

....

....

....

....

....

Identifier des moyens de préserver la biodiversité marine

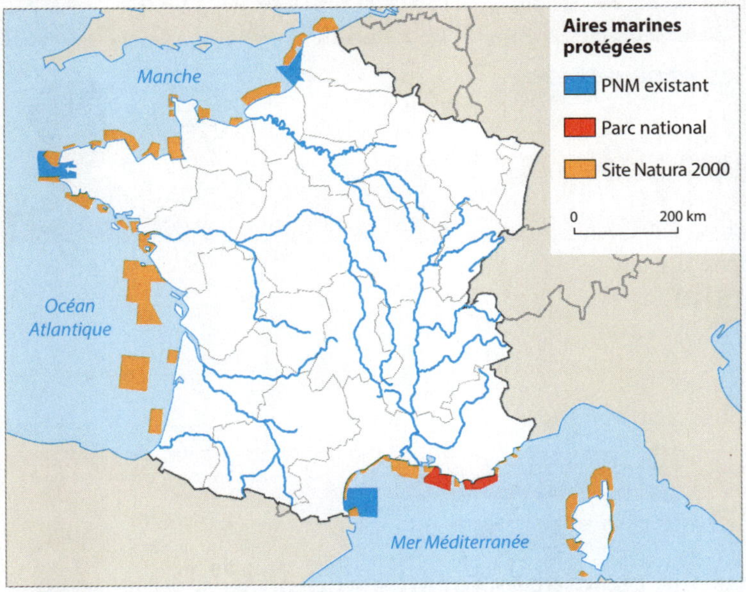

Doc. 3 Les aires marines protégées en France. Une aire marine protégée est un espace marin où les activités humaines sont très réglementées (pêche interdite, accès très réglementé) afin de protéger la biodiversité et de permettre à des espèces exploitées commercialement de trouver des lieux de reproduction et de croissance des jeunes individus. Leur nombre reste encore faible.

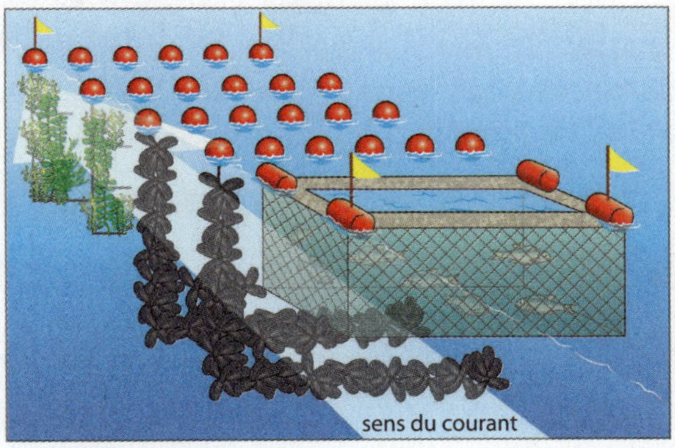

Doc. 4 Production de poissons d'élevage par aquaculture intégrée. Des poissons sont élevés en mer dans des grands filets qui délimitent leur milieu de vie. Des élevages annexes de moules (qui filtrent l'eau) ou des cultures d'algues (qui prélèvent les éléments minéraux dans l'eau) permettent de limiter le rejet des déchets issus de l'élevage des poissons et ainsi de préserver l'écosystème.

« Plus de trois milliards de personnes dépendent de la biodiversité marine et côtière pour subvenir à leurs besoins.»

L'ODD n° 14 propose de mettre fin à la surpêche, afin de permettre le renouvellement des stocks, et d'améliorer la conservation des ressources.

Doc. 5 Un Objectif de Développement Durable

2 En quoi les deux dispositifs présentés doc. 3 et 4 répondent-ils à l'ODD n°14 ?

....

....

3 Quelles peuvent être les limites des deux dispositifs présentés ?

....

....

4 La biodiversité marine est-elle une ressource renouvelable ou non ?

....

....

Notion à retenir

5 En conclusion, rédiger une réponse au problème posé.

....

....

....

....

....

BILAN Ressources naturelles, écosystèmes et activités humaines

Objectif du chapitre

Comprendre l'impact de l'être humain sur les écosystèmes et les ressources qu'il peut en tirer.

Formuler les notions clés

UNITÉ 24 ▷ Écosystèmes et biodiversité

UNITÉ 25 ▷ Répartition des êtres vivants, conditions locales et globales

UNITÉ 26 ▷ Des actions humaines qui modifient la biodiversité

UNITÉ 27 ▷ Protection, préservation et restauration des écosystèmes

UNITÉ 28 ▷ Ressources alimentaires terrestres et développement durable

UNITÉ 29 ▷ Ressources alimentaires marines et développement durable

Retenir par l'image

SCHÉMA animé college.nathan.fr/svt575

ÉCOSYSTÈME

- milieu de vie
- êtres vivants
- relations entre les êtres vivants et le milieu

ACTIONS DE L'ÊTRE HUMAIN

sur l'écosystème

DÉGRADATION DESTRUCTION

- agriculture intensive
- pêche intensive
- exploitation abusive des ressources naturelles (eau, sol...)

RESTAURATION PROTECTION

- espaces protégés
- passages à faune
- systèmes de cultures plus respectueux de la biodiversité

Formuler un résumé du chapitre

....

....

....

....

....

....

Exercices

Tester ses connaissances

QCM supplémentaires college.nathan.fr/svt576

QCM

1 Pour chaque affirmation, cocher la seule proposition exacte.

a. Un écosystème est composé :
- ☐ du milieu uniquement
- ☐ du milieu et des espèces y vivant
- ☐ du milieu, des espèces vivantes présentes et des relations entre ces espèces

b. L'être humain :
- ☐ modifie les écosystèmes de manière néfaste et bénéfique
- ☐ modifie les écosystèmes seulement de manière néfaste
- ☐ ne modifie pas les écosystèmes

VRAI FAUX

2 Indiquer si les propositions sont vraies ou fausses.

	Vrai	Faux
a. Les êtres vivants se répartissent au hasard dans les milieux.	☐	☐
b. L'être humain fait partie de la biodiversité et en a besoin.	☐	☐
c. Une chaîne alimentaire décrit les relations proies-prédateurs dans un écosystème.	☐	☐
d. Les passages à faunes sont une solution au lessivage des sols.	☐	☐
e. Il existe des techniques d'agriculture et de pêche respectueuses de l'environnement et permettant de nourrir l'humanité.	☐	☐

Utiliser ses connaissances

3 Insecticides et faucon pèlerin

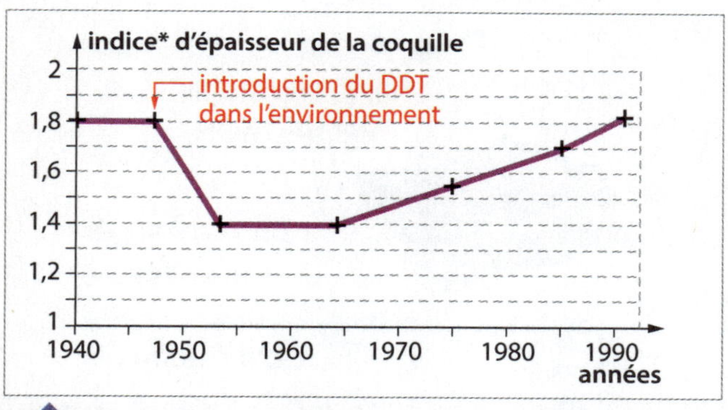

Doc. 1 Évolution de l'épaisseur de la coquille des œufs de faucon pèlerin.

*indice : masse de la coquille/longueur axiale de l'œuf.

Le DDT est un produit contenu dans certains insecticides. Il est très toxique pour les oiseaux car il provoque une diminution de l'épaisseur de la coquille des œufs qui, si elle est trop fine, se casse très facilement.

Le DDT a été interdit au début des années 1970.

Doc. 2 Le DDT.

Expliquer en quoi l'utilisation puis l'interdiction du DDT ont constitué un impact de l'être humain sur la biodiversité.

....

....

....

....

....

Approfondir

4 La disparition des abeilles

Depuis quelques années, on observe une diminution du nombre d'abeilles.

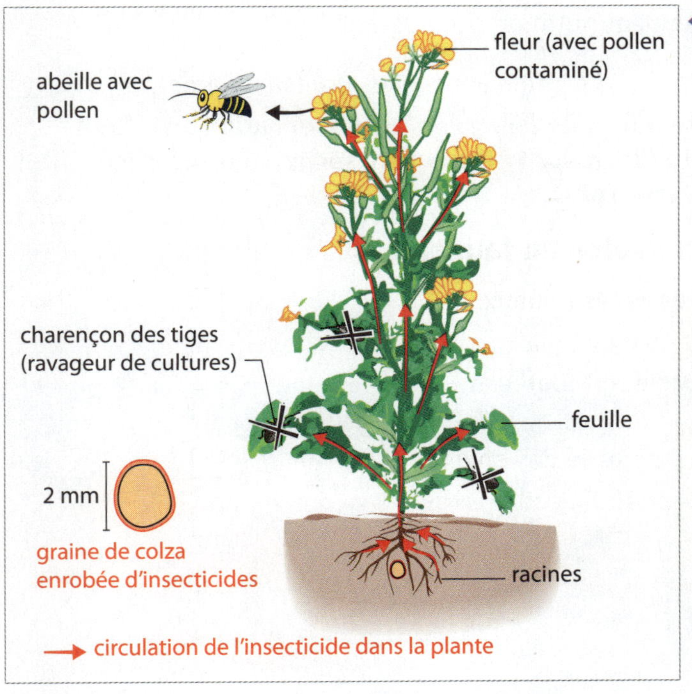

Doc. 1 Effets des insecticides.
Les insecticides permettent de tuer les charançons, mais ont également des effets néfastes sur les abeilles : le miel et le pollen, utilisés pour nourrir les larves d'abeilles, contiennent des insecticides. De plus, les abeilles sont plus sensibles aux maladies, les ouvrières sont désorientées et ne retrouvent plus la ruche.

Doc. 2 Une abeille mellifère.

Dans la province verdoyante du Sichuan, au centre de la Chine, les abeilles ont disparu depuis les années 1980 […]. Dès lors, chaque année au mois d'avril, les paysans sont obligés de mimer le travail des insectes mellifères*. Ils récupèrent le pollen sur les fleurs, le font sécher deux jours, puis l'appliquent sur d'autres fleurs prêtes à être fécondées. Absurde et démesuré… Plus de confiture. Plus de jus d'orange ou de pomme, et surtout plus de café ni de chocolat. Quant au beurre, au lait ou aux fromages, les agronomes ne sont pas bien sûrs de vous en garantir la fourniture. En effet l'abeille, pollinisatrice avant tout des fruits et des légumes, contribue aussi à la reproduction des plantes fourragères qui servent à nourrir les bovins. »

D'après : *Science et Vie*, mars 2010.

*mellifère : qui produit du miel.

Doc. 3 La disparition des abeilles mellifères.

CONSIGNE ▶ Montrer que les activités humaines peuvent avoir un effet néfaste sur la biodiversité et mettre en danger nos ressources alimentaires.

....

....

....

....

....

....

....

....

▶ EXERCICES supplémentaires college.nathan.fr/svt577

UNITÉ 30

Les mouvements atmosphériques

TÂCHE COMPLEXE

Situation déclenchante

Yuna part en voyage à New York. Un fait l'étonne : les vols Paris-New York durent 45 minutes de plus à l'aller qu'au retour. De plus, au moment du départ vers la France, la tempête Ciara cause l'annulation de plusieurs vols.

Tâche à réaliser

Mettre en relation les mouvements de l'air avec les observations de Yuna (conséquences de la tempête Ciara sur le transport aérien, durées différentes des vols aller-retour Paris-New York).

Documents de travail

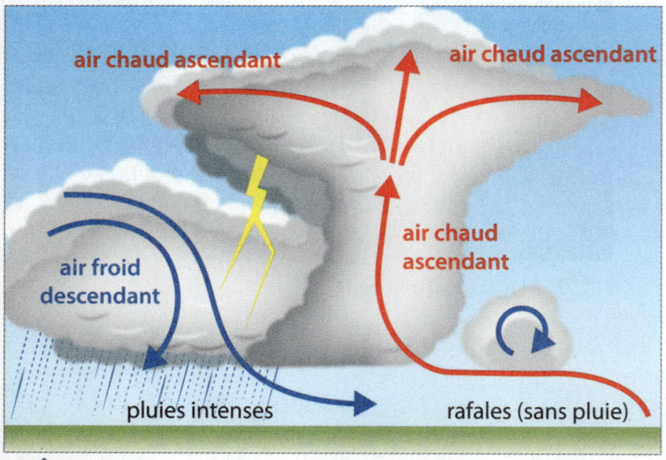

Doc. 1 Déplacement de l'air au sein d'un cumulonimbus issu de la tempête Ciara. L'air chaud monte jusqu'à la **tropopause**, l'air froid descend alors précipitant pluie ou grêle vers le sol.

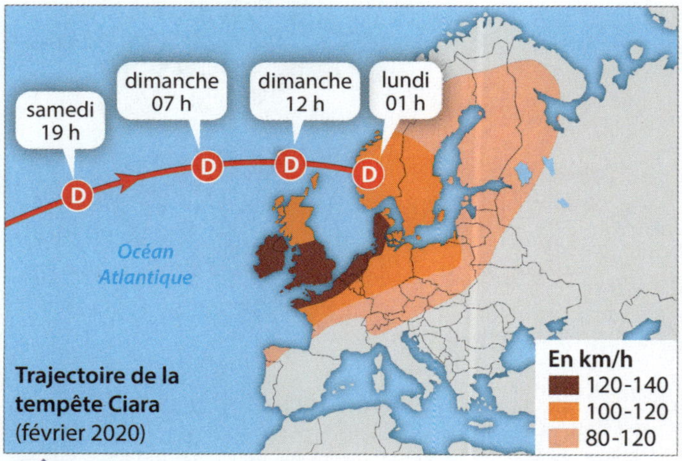

Doc. 2 Trajectoire de la tempête Ciara (février 2020). En altitude, les vents qui poussent la dépression (« D » sur la carte) sont plus violents que d'habitude (jusqu'à 400 km/h).

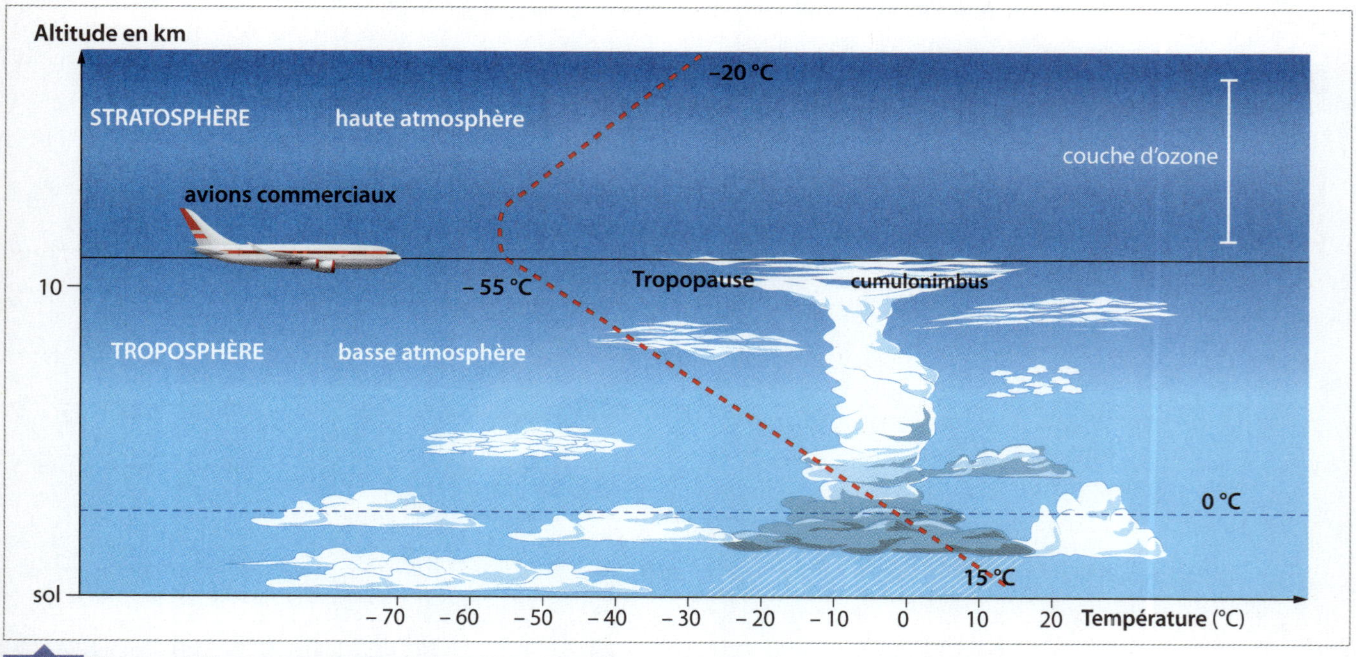

Doc. 3 L'atmosphère est composée de gaz. L'air cesse de monter à l'altitude où la température est la plus basse (tropopause), et se déplace alors horizontalement, à l'origine des jet-streams.

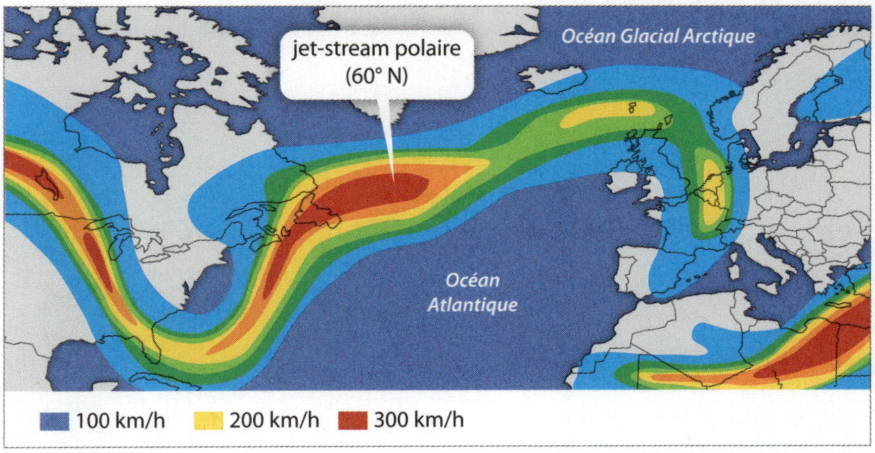

Doc. 4 Le **jet-stream**, des vents très violents se déplaçant d'ouest en est, à environ 10 km d'altitude.

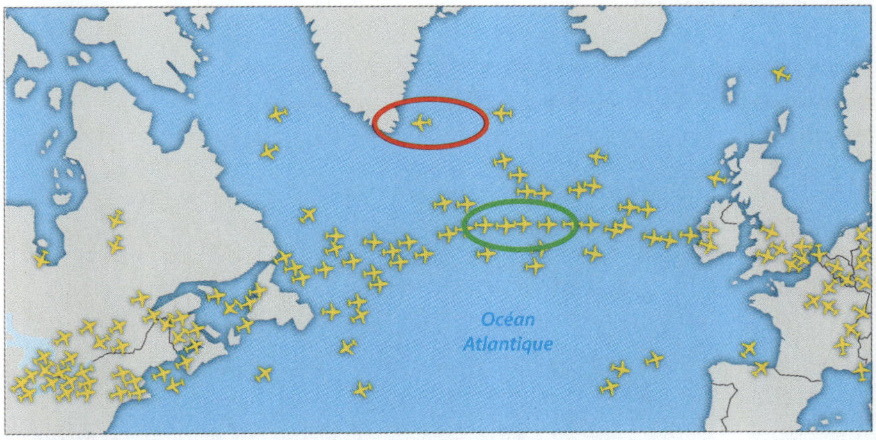

Doc. 5 Trajectoires des avions au dessus de l'Atlantique.
Vers l'Europe (avions entourés en vert). Vers les États-Unis, route plus au nord (avion entouré en rouge).

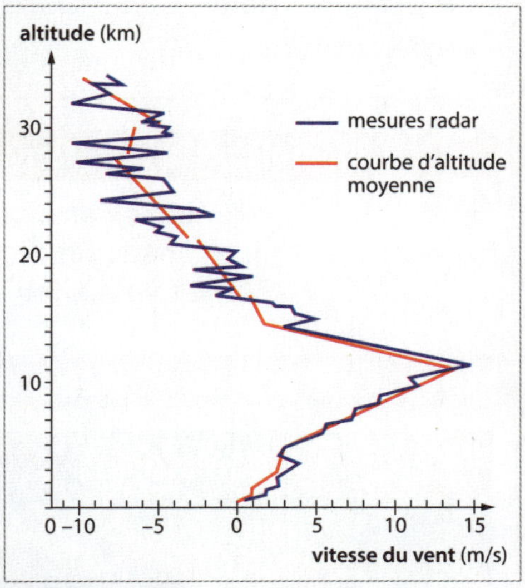

Doc. 6 Vitesse du vent en fonction de l'altitude (mesures par ballon sonde le 7 août 2009 à Kiruna, Suède).
Une valeur positive indique un vent d'ouest, une valeur négative un vent d'est.

Les définitions

Jet-stream : vent très violent (de 90 à 360 km/h) soufflant d'ouest en est, formé à la limite de la basse et de la haute atmosphère.

Tropopause : couche d'air entre la troposphère et la stratosphère, dans laquelle la température cesse de diminuer depuis le sol et commence à augmenter en montant.

Je rédige une réponse structurée en paragraphes.

COUP de pouce college.nathan.fr/svt579

....

....

....

....

....

....

....

....

....

....

....

Les mouvements océaniques

La Terre est recouverte d'eau à 71 %, ce qui lui a valu le surnom de planète bleue. Ces masses d'eau considérables sont en perpétuel déplacement.

Formulons le problème

....

Mettre en évidence les mouvements océaniques de surface

Doc. 1 Température de la surface de l'Atlantique Nord. Les températures les plus élevées sont représentées par le vert, les plus froides le rouge et les températures intermédiaires le bleu.

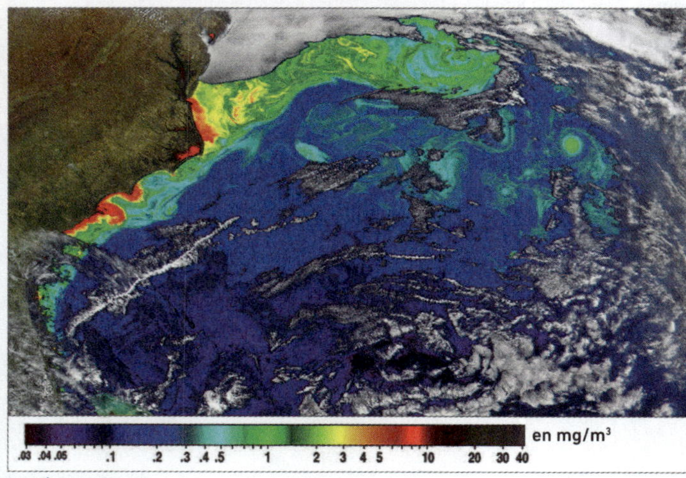

Doc. 2 Quantité de chlorophylle dans les eaux de surface. Les algues contiennent de la chlorophylle, qui permet d'utiliser la lumière comme source d'énergie. Les algues (le plancton) se multiplient dans les eaux chaudes.

VIDÉO college.nathan.fr/svt580

Doc. 3 Courants océaniques en mouvement. Grâce aux observations de satellites, la Nasa a retracé l'évolution des courants océaniques entre 2005 et 2007.

1 À l'aide des doc. 1 et 2, montrer qu'il existe des mouvements d'eau de surface visibles sur le doc. 3.

....

....

2 À l'aide des doc. 1 et 2, représenter sur le doc. 3 le Gulf stream à l'aide d'une flèche pleine, et le courant froid descendant du nord à l'aide d'une flèche en pointillés.

Mettre en évidence les mouvements verticaux océaniques

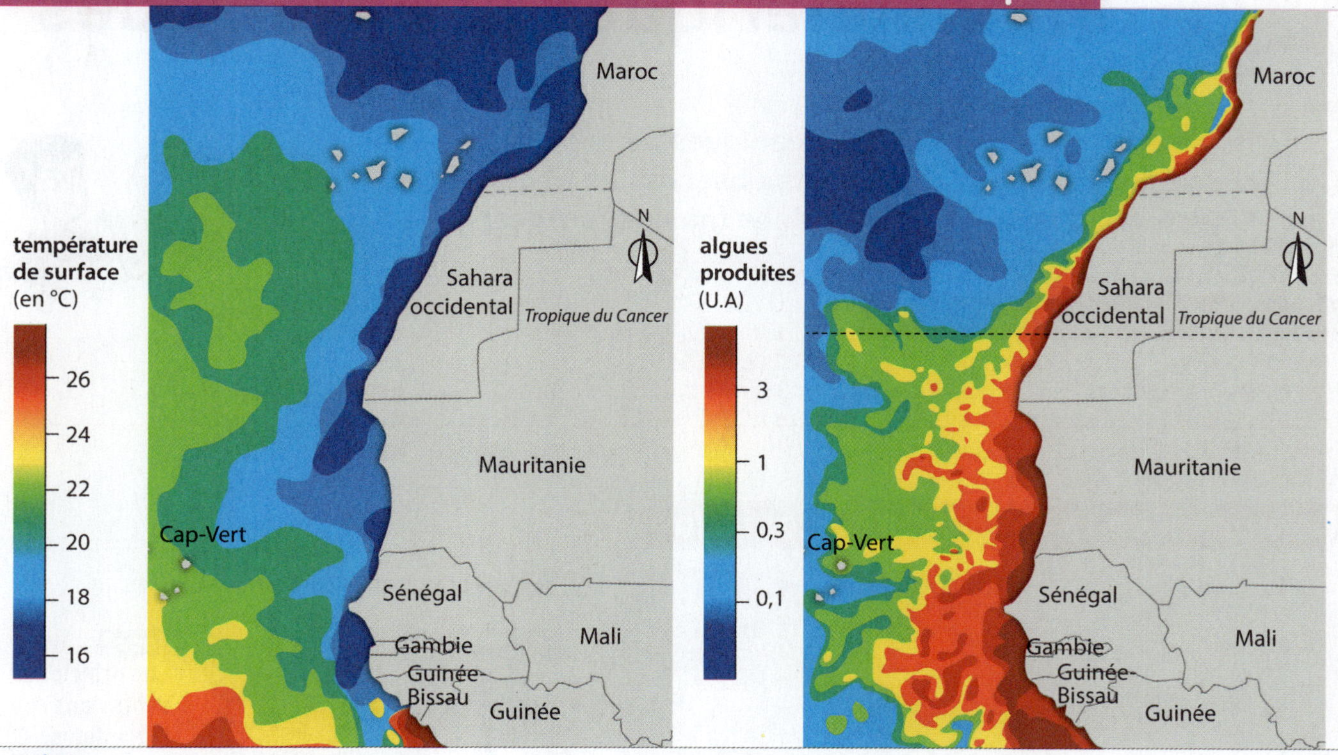

Doc. 4 Observation des températures de surface (à gauche) **et des algues produites** (à droite) **le 20 février 2003 au niveau de la côte Nord-Ouest africaine.** Le plancton se multiplie davantage lorsque la quantité de sels minéraux augmente. Ces zones sont alors très riches en poissons.

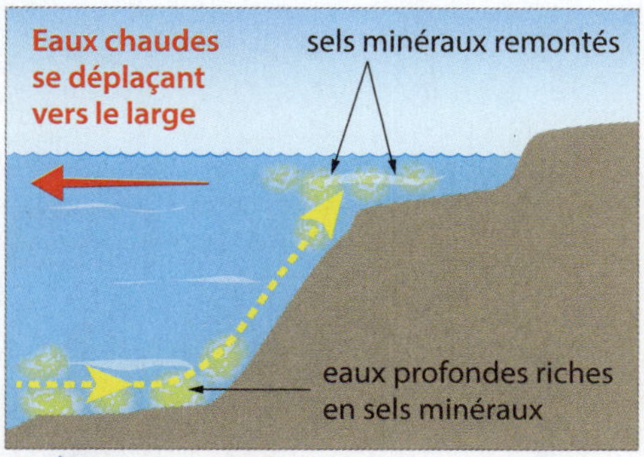

Doc. 5 Mouvement vertical de l'eau. Les eaux profondes sont plus froides, et riches en sels minéraux.

3 **Entourer sur le doc. 4 les eaux les plus froides et les eaux où le plus d'algues sont produites.**

4 **Expliquer à l'aide des doc. 4 et 5 pourquoi la pêche est abondante le long des côtes africaines.**

....

....

....

....

Les définitions

Gulf stream : courant océanique prenant sa source entre la Floride et les Bahamas et se dirigeant dans l'océan Atlantique vers le Groenland après avoir longé les côtes européennes.

Notion à retenir

5 **En conclusion, rédiger une réponse au problème posé.**

....

....

....

....

....

....

UNITÉ 32

L'origine des mouvements atmosphériques et océaniques

Les masses atmosphériques et océaniques se déplacent, ce qui est à l'origine des vents et des courants observables et utilisables par l'être humain à la surface du globe (navigation, pêche...)

Formulons le problème

....

Comprendre la circulation océanique

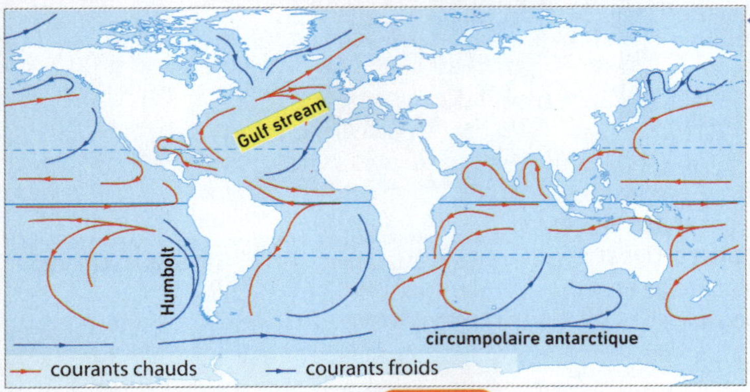

Doc. 1 Les principaux courants océaniques.

Doc. 2 Les principaux vents dans l'Atlantique.

▶ VIDÉO d'expérience college.nathan.fr/svt582

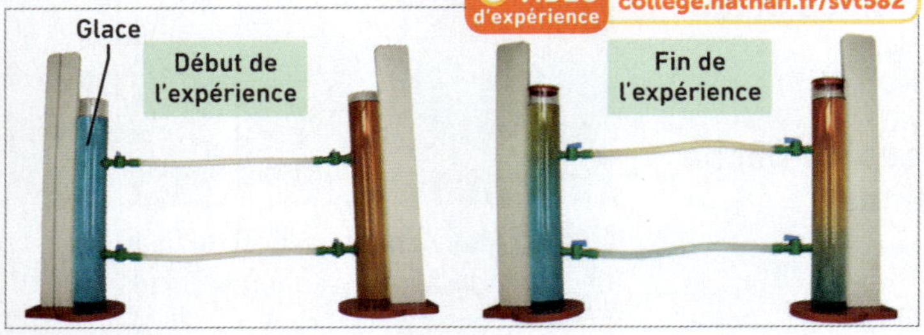

Doc. 3 Modélisation de la dynamique de l'eau. Une colonne d'eau à température ambiante est colorée au bleu de méthylène, et une autre colonne de l'eau à température ambiante est colorée avec de l'éosine (rouge). On place ensuite des glaçons dans la colonne d'eau colorée en bleu. Enfin, on ouvre les robinets. On peut recommencer la manipulation en remplaçant les glaçons par du sel ; on obtient alors les mêmes résultats.

L'eau de la mer des Caraïbes s'évapore : une quantité invariable de sel se retrouve alors dissoute dans moins d'eau, l'eau est alors plus salée. Les courants, comme le Gulf Stream, emportent cette eau vers la mer de Norvège, où elle se refroidit.

Doc. 4 Température et salinité à l'origine de la circulation thermohaline.

1 Compléter le schéma interprétatif de cette expérience ci-dessous.

2 À partir des résultats du modèle et des documents expliquer le fonctionnement de la circulation thermohaline.

....

....

....

....

3 D'après les doc. 1 et 2, proposer une autre origine aux courants dans l'Atlantique.

....

....

Comprendre l'origine de la circulation atmosphérique

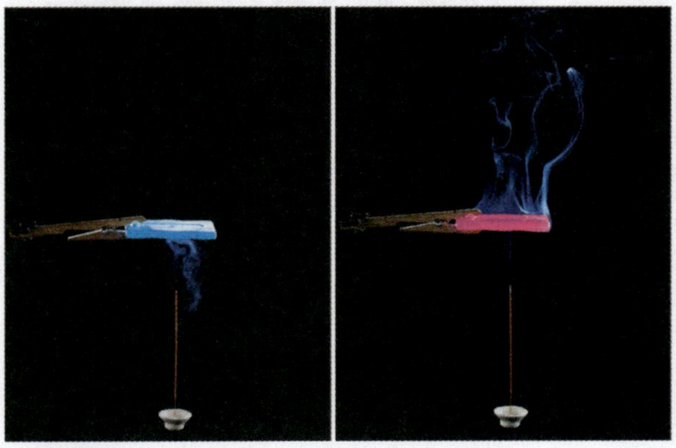

Doc. 5 Modélisation de la circulation de l'air dans un cumulonimbus. Afin de vérifier que la température a un effet sur la circulation de l'air, un bloc bleu froid (2 °C) est mis au-dessus de la fumée de l'encens, tandis que le bloc rose est à température ambiante (20 °C).

	Réalité	Modèle
Source de chaleur	Rayonnement solaire	....
Répartition de la chaleur	Plus de chaleur au niveau de l'équateur	....
Masse d'air	Invisible	....

Doc. 6 Tableau présentant le modèle de la circulation atmosphérique. La chaleur plus élevée au niveau de l'équateur a pour origine un rayonnement solaire plus important. Plus on se dirige vers les pôles, moins l'énergie solaire reçue est importante.

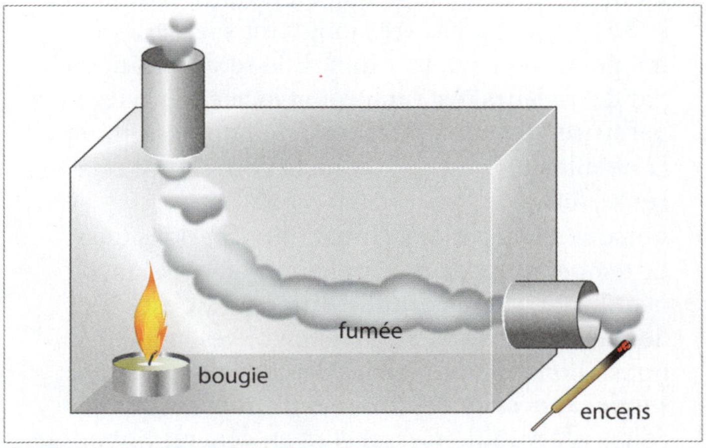

Doc. 7 Modèle de circulation atmosphérique.

4 **Indiquer d'après le doc. 5 ce qui est à l'origine de la circulation de l'air.**

....

....

....

5 **Compléter le tableau réalité/modèle (doc. 6) et indiquer le sens de circulation de l'air sur le schéma du modèle (doc. 7).**

6 **Expliquer l'origine de la circulation atmosphérique.**

....

....

....

Les définitions

Circulation atmosphérique : déplacement des masses d'air de l'atmosphère (vents).

Circulation thermohaline : courants océaniques liés à des différences de salinité et de température des eaux.

Modèle : représentation de la réalité pour comprendre et prévoir.

Notion à retenir

7 **En conclusion, rédiger une réponse au problème posé.**

....

....

....

....

....

....

UNITÉ 33

Le fonctionnement météorologique de la planète

La basse atmosphère est le siège de vastes mouvements d'air. Ces mouvements expliquent le fonctionnement météorologique de la Terre.

Formulons le problème

....

Identifier les paramètres nécessaires à l'étude de la météorologie

La météo désigne le temps qu'il fait « tout de suite » ou dans pas très longtemps, et « devant ma porte » ou pas très loin. Elle se définit donc par des valeurs instantanées et locales de la température, des précipitations, de la pression, de la nébulosité (c'est-à-dire de la couverture nuageuse), etc.
Lorsque nous parlons climat, nous parlons aussi de température, de précipitations, de pression, de nébulosité, etc. La grande différence, c'est qu'au lieu de parler de valeurs instantanées et locales, nous allons surtout parler de valeurs moyennes sur des années ou des dizaines d'années, et sur des zones géographiques qui sont en général importantes : continents ou fractions de continent. [...]

Jean-Marc Jancovici
https://jancovici.com/changement-climatique/aspects-physiques/meteo-et-climat-cest-pareil/

Doc. 1 Météorologie et climatologie.

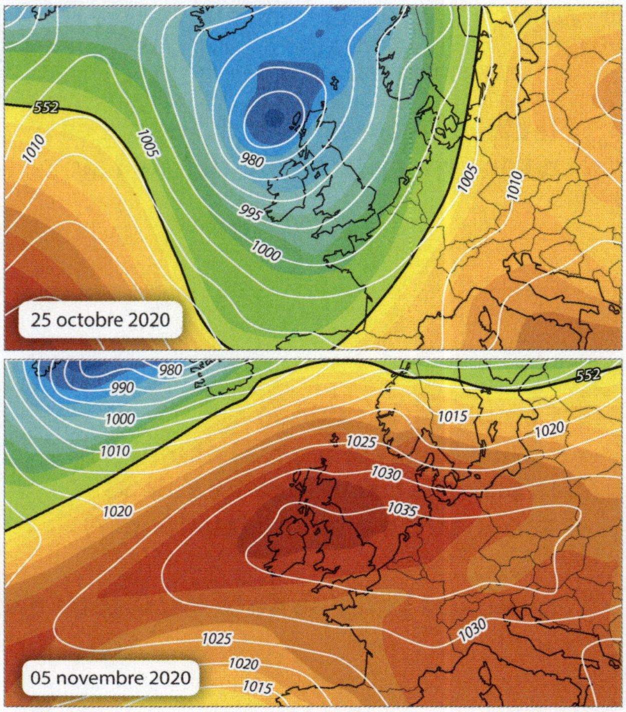

Doc. 2 Carte des pressions atmosphériques (en atm).
Tous les points de même pression sont reliés par des lignes.

1 **Dans le doc. 1, souligner les points communs et surligner les différences entre la météorologie et la climatologie.**

2 **Sur le doc. 2, mettre un « D » (pour Dépression) dans les zones où les pressions sont les plus basses, et un « A » (pour Anticyclone) dans les zones où les pressions sont les plus hautes.**

3 **En mettant en relation les zones « dépressions » (doc. 2) et les précipitations (doc. 5), justifier pourquoi il est important de prévoir les pressions atmosphériques.**

....

....

4 **À l'aide du doc. 3, expliquer la naissance d'une dépression.**

....

....

Définir les phénomènes météorologiques

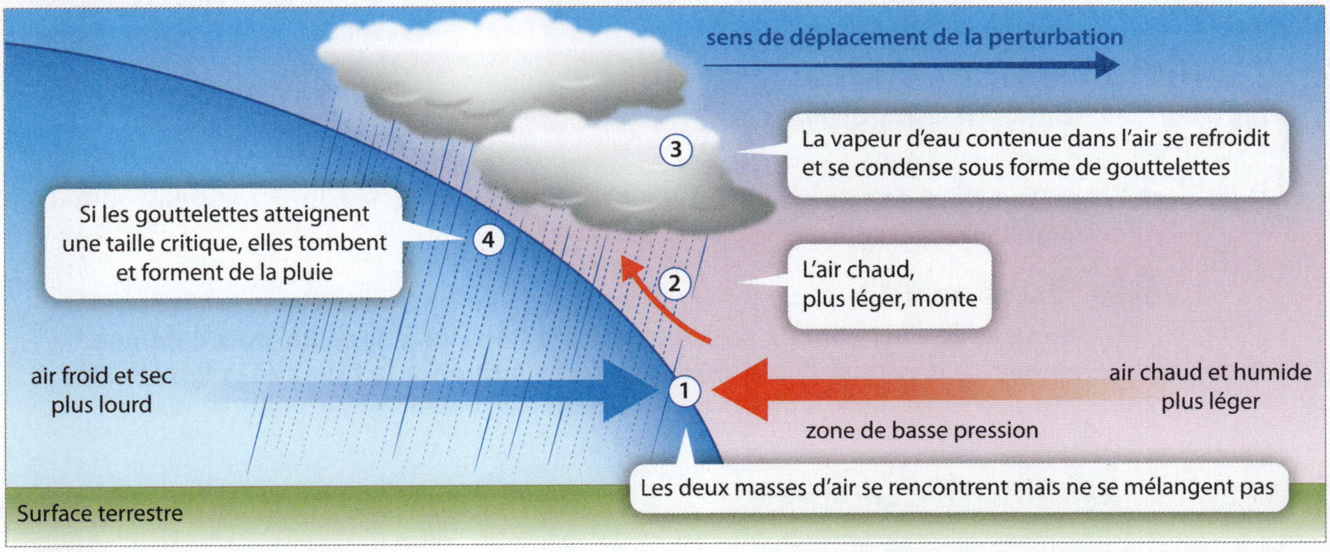

Doc. 3 La naissance d'une dépression.

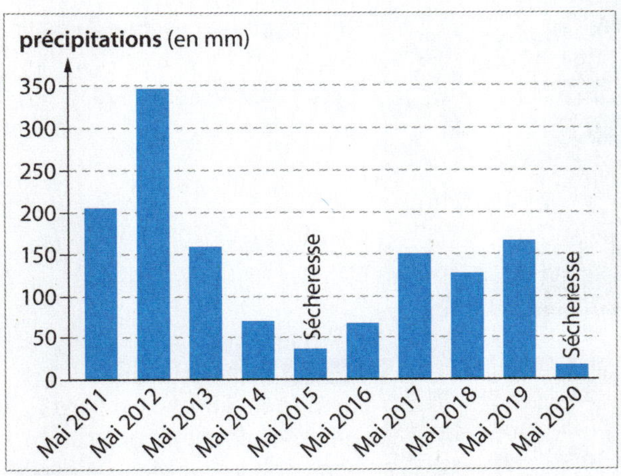

Doc. 4 Précipitations dans la commune du Raizet (Guadeloupe) lors des mois de mai, de 2011 à 2020.

Doc. 5 Cartes de prévision des précipitations.

5 **À l'aide du doc. 4, montrer les variations des précipitations au cours du temps. Montrer qu'il s'agit de phénomènes météorologiques.**

....

....

....

Les définitions

Météorologie : données (sur les températures, les précipitations, la pression atmosphérique, les vents…) à un moment précis.

Climatologie : moyenne des données météorologiques sur un temps long (dizaines d'années).

atm : unité de pression. Une « atm » correspond à la pression atmosphérique moyenne au niveau de la mer sur la latitude de Paris.

Notion à retenir

6 **En conclusion, rédiger une réponse au problème posé.**

....

....

....

....

....

....

....

UNITÉ 34 Les climats de la Terre

TÂCHE COMPLEXE

Situation déclenchante

Sara et Samy sont en voyage à Bamako, au Mali, où il pleut énormément. Ils ont déjà voyagé en Islande ou en Italie et s'étonnent de voir une telle diversité de climats sur Terre.

Tâche à réaliser

Montrer que les climats sont différents à Paris et à Bamako, puis expliquer en quoi la diversité des climats sur Terre influence la faune et la flore.

Documents de travail

Doc. 1 Paris (France).
La ville de Paris présente un climat océanique.
Température moyenne annuelle : 11 °C.
Précipitations cumulées : 636 mm.

Doc. 2 Bamako (Mali).
La ville de Bamako est dans une zone de climat tropical.
Température moyenne annuelle : 27,8 °C.
Précipitations cumulées : 953 mm.

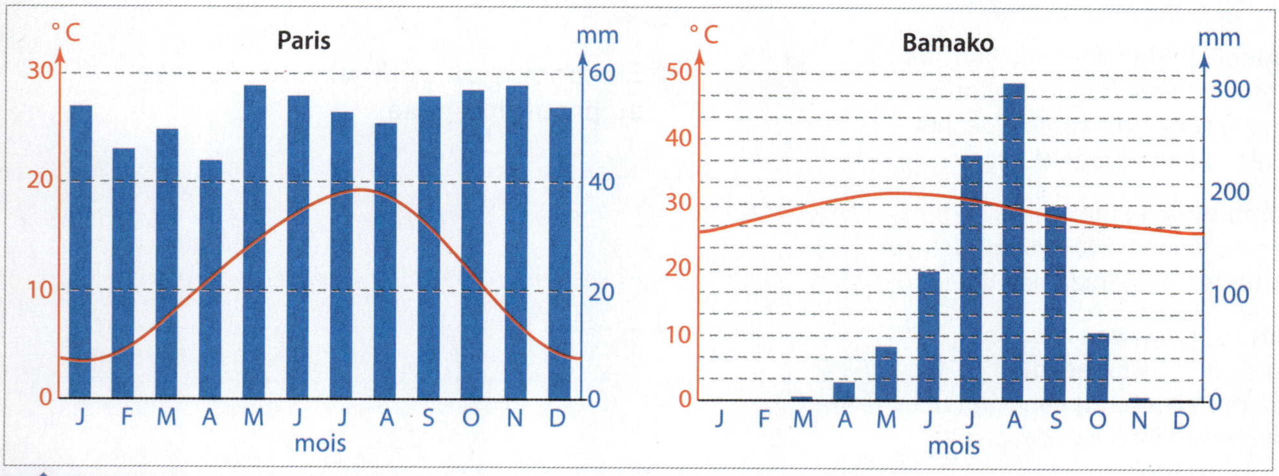

Doc. 3 **Températures et précipitations annuelles à Paris (France) et à Bamako (Mali).**

La toundra du Groënland

➜ **Végétation :** basse (lichen et mousse)
➜ **Exemple d'animal :** Ours blanc
➜ **Climat :** polaire

La forêt de Fontainebleau (France)

➜ **Végétation :** feuillus
➜ **Exemple d'animal :** Cerf
➜ **Climat :** océanique

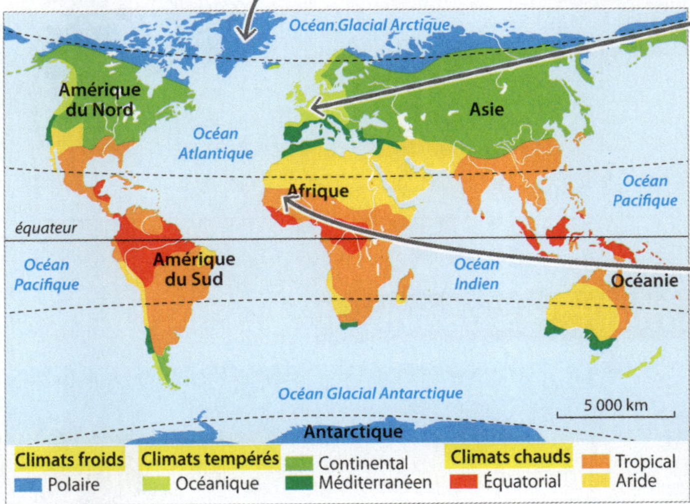

Doc. 4 La répartition des grandes zones climatiques terrestres

La forêt de Bamako (Mali)

➜ **Végétation :** dense
➜ **Exemple d'animal :** Chimpanzé
➜ **Climat :** tropical

Climat	Polaire	Océanique	Continental	Méditerranéen	Equatorial	Tropical	Aride
Température moyenne	Négatives, max 10 °C	11°C	Jusqu'à +30°C en été et -20°C en hiver	25°C à 40°C l'été et 5°C l'hiver	27°C	Élevées (18°C pour le mois le plus froid)	45°C
Précipitations (par an)	Faibles (neige)	Entre 800 et 1000 mm	400 mm	Faibles, mais brutales	2000 à 4000 mm	500 à 1500 mm	100 à 400 mm
Saisons	Été court	Hiver doux, été frais	Hiver froid, été chaud et pluvieux	Saison chaude et sèche, hiver doux	Peu marquées	Saison sèche, saison humide	Marquées par les différences de températures
Végétation	Végétation basse, beaucoup de lichens et mousses	Forêt à feuilles caduques, lande, prairie	Taïga, prairie, steppe	Forêt clairsemée, garrigue, maquis	Forêt dense	Forêt dense ou savane selon l'humidité	Steppe

Doc. 5 Climats et végétation associée

COUP de pouce college.nathan.fr/svt587

Je rédige une réponse structurée en paragraphes.

....
....
....
....
....
....
....
....
....
....
....
....
....

Les définitions

Climat tempéré : les températures dépassent les 10 °C pendant une période de 4 à 7 mois, il y a une alternance entre une saison froide et une saison chaude.

Climat chaud : les températures sont élevées toute l'année (minimum 18 °C).

Climat froid : les températures sont froides toute l'année.

UNITÉ 35

L'évolution du climat au cours du temps

En France, des fouilles dans certaines grottes ont livré des squelettes d'ours des cavernes qui vivaient à l'époque sous un climat très froid. Le climat a donc changé avec le temps.

Formulons le problème

....

Mettre en évidence des variations climatiques passées

En 1965, Claude Lorius, glaciologue français en expédition dans le Grand Nord, a une idée brillante. Il voit des bulles d'air s'échapper des glaçons en train de fondre dans son verre. Ces glaçons proviennent de la banquise, il réalise alors que ces bulles d'air correspondent à l'atmosphère qu'avait la Terre au moment de leur formation !

Depuis, les glaciologues récupèrent des carottes de glace et analysent les bulles d'air emprisonnées dedans pour étudier la composition de l'atmosphère du passé.

Doc. 1 Des variations climatiques archivées dans la glace.

Doc. 2 Une équipe de glaciologues remonte une carotte de glace.

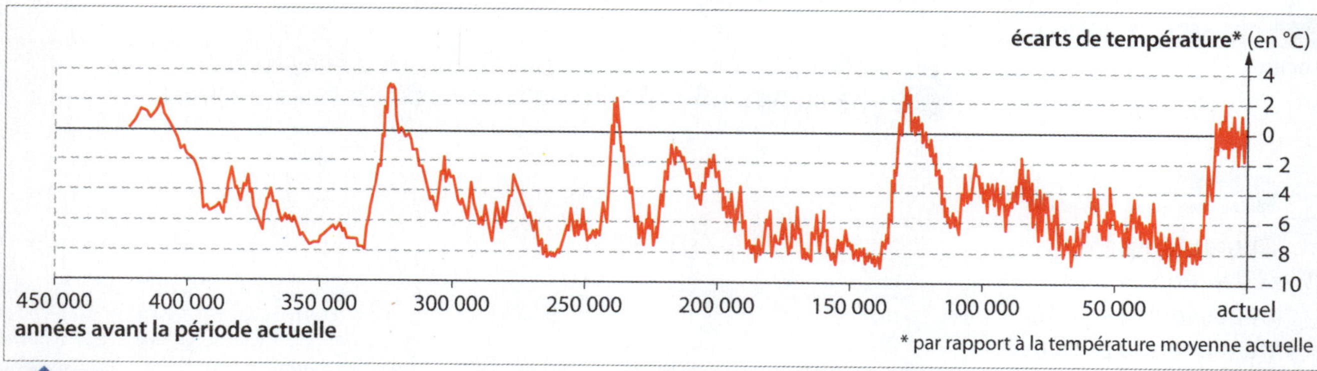

Doc. 3 Variations de la température reconstituées à partir de l'étude des carottes glaciaires.

1 **Comment les glaces permettent-elles de reconstituer les variations climatiques du passé ?**

....

....

....

....

2 **Sur le graphique représentant les variations de température durant les 420 000 dernières années, placer :**

– des flèches indiquant la durée d'une période glaciaire et d'une période interglaciaire ;

– une flèche indiquant le Würm, la plus récente des périodes glaciaires.

Comparer les variations passées et actuelles

Lors de son développement, un arbre croît en fabriquant un cerne de bois annuellement. Un cerne annuel comprend une bande claire et une bande sombre. Chaque cerne a des caractéristiques (largeur, aspect) qui dépendent directement du climat de l'époque (température, précipitations). Avec des arbres de plus en plus vieux on peut reconstituer le climat passé.

Doc. 4 Méthode des cernes pour connaître le climat passé.

Coupe transversale d'un tronc d'arbre

3 Quel est l'âge de l'arbre présenté ci-contre ?

....

4 Expliquer comment l'analyse des cernes des arbres permet de reconstituer le climat du passé.

....

....

....

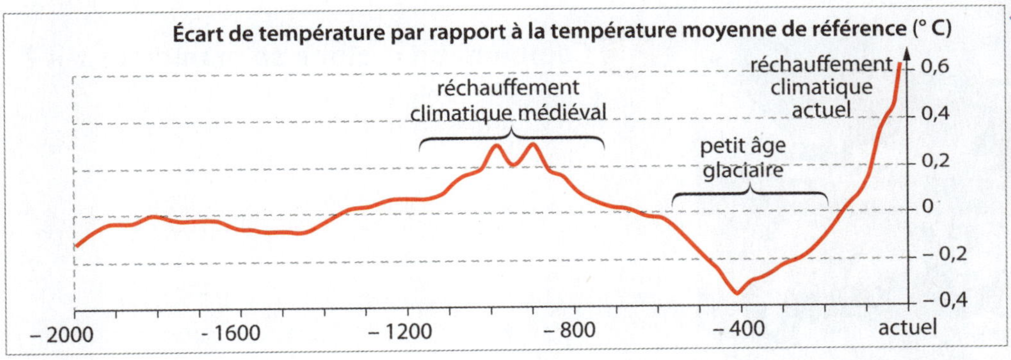

Doc. 5 Évolution de la température moyenne de l'hémisphère nord depuis 2 000 ans, reconstituée à partir de l'étude des cernes des arbres.

5 Expliquer pourquoi le réchauffement actuel est plus inquiétant que l'épisode de réchauffement climatique médiéval.

....

....

Notion à retenir

Les définitions

- **Période glaciaire (glaciation)** : période pendant laquelle la température de la Terre est globalement plus froide par rapport à l'actuelle.
- **Période interglaciaire** : période qui sépare deux glaciations.

6 En conclusion, rédiger une réponse au problème posé.

....

....

....

....

....

....

UNITÉ 36 L'être humain face au risque météorologique

Hugo apprend qu'une tempête tropicale (cyclone) s'approche des côtes antillaises. Il s'inquiète et se demande comment réagir face au risque.

Formulons le problème

....

Connaître le risque météorologique

13 MESURES RELATIVES À LA LUTTE CONTRE LES CHANGEMENTS CLIMATIQUES

Un aléa

Des enjeux

Un risque

Doc. 1 Comment distinguer **aléa**, **enjeu** et **risque**.

Doc. 2 Les conséquences du passage d'un cyclone.
Un cyclone est marqué par des vents très violents (jusqu'à 250 km/h), des précipitations très froides, et sur les côtes, par des vagues démesurées.
La trajectoire d'un cyclone est suivie par satellite et ses caractéristiques mesurées par des avions « chasseurs de cyclones ».

1 Comment un cyclone se manifeste-t-il ?

....
....
....
....
....
....

2 Expliquer pourquoi les cyclones représentent des risques météorologiques importants en utilisant les mots « aléa » et « enjeu ».

....
....
....
....

3 Montrer qu'un cyclone est un risque prévisible.

....
....
....
....

Comprendre les mesures pour se protéger

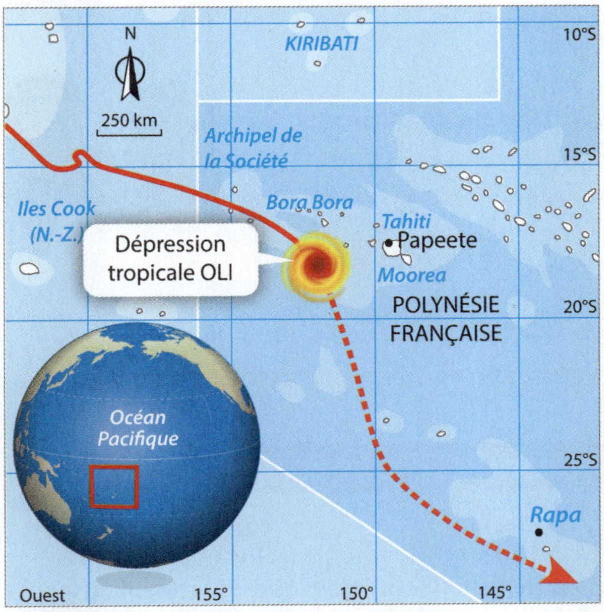

Doc. 3 Trajectoire du cyclone OLI (2010). La trajectoire en trait plein est la trajectoire déjà parcourue, visible grâce aux satellites. La trajectoire en pointillée est la trajectoire prévue, en fonction des vents dominants, et en fonction des comportements des cyclones passés. La prévision correspond à l'évaluation de l'arrivée d'un événement dans le futur.

La prévention correspond aux informations et aux consignes qui sont données aux populations avant l'arrivée d'un événement. Par exemple, il faut fermer les ouvertures avec des panneaux de bois cloués, attacher et renforcer les volets, mais ne pas obstruer les grilles de ventilation de son logement (comportement à risque pouvant favoriser les intoxications au monoxyde de carbone).

Doc. 4 Extrait de la brochure éditée par la préfecture de la Polynésie Française, présentant les consignes « avant le cyclone » et « pendant le cyclone ».

4 **Indiquer comment on peut prévoir l'arrivée d'un cyclone, et comment on peut s'y préparer.**

....

....

....

....

....

....

5 **Donner quelques mesures de prévention proposées à la population. Proposer des explications à ces mesures.**

....

....

....

....

....

....

Les définitions

Aléa : probabilité que se produise un phénomène naturel.

Enjeu : ensemble des personnes, habitations, activités économiques et infrastructures susceptibles d'être menacées par un phénomène naturel.

Risque : probabilité que se produise une catastrophe dont les effets peuvent menacer les populations et les biens. Le risque est météorologique si l'aléa est météorologique.

Notion à retenir

J'apprends à... mener une tâche complexe PAGE 104

6 **En conclusion, rédiger une réponse au problème posé.**

....

....

....

....

....

....

UNITÉ 37

L'être humain face au risque climatique

Les phénomènes météorologiques peuvent constituer des risques. Il en est de même avec les phénomènes climatiques.

Formulons le problème

....

13 MESURES RELATIVES À LA LUTTE CONTRE LES CHANGEMENTS CLIMATIQUES

Étudier un risque lié à un dérèglement climatique océanique

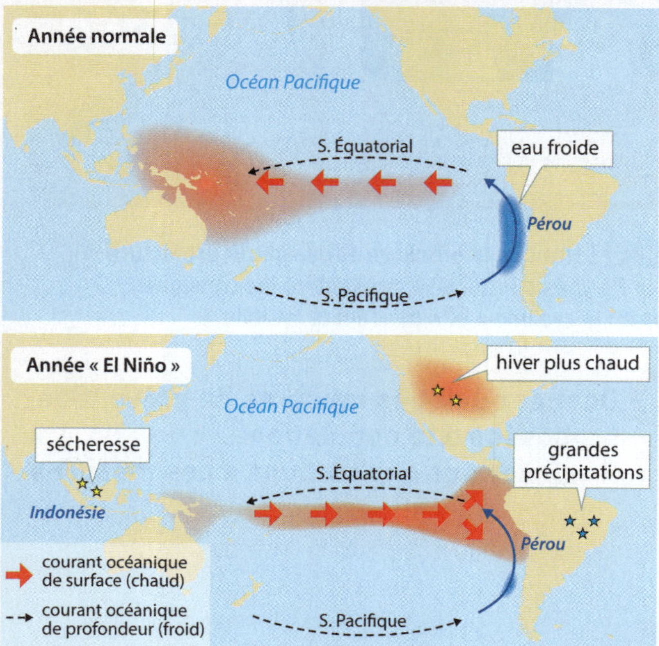

Doc. 1 Le phénomène El Niño.

El Niño est un phénomène océanique à grande échelle du Pacifique équatorial, affectant les vents, la température de l'océan et les précipitations. Les eaux chaudes de surface, accompagnées de nuages et de précipitations, refluent de l'ouest vers l'est. Ainsi, des conditions sèches se développent sur l'Indonésie et l'Australie, tandis que les côtes du Pérou connaissent d'inhabituelles précipitations, provoquant inondations et glissements de terrain. Les événements El Niño apparaissent d'une manière irrégulière, tous les 2 à 7 ans, et sont difficilement prévisibles.

D'après Météo France

Doc. 2 Description du phénomène El Niño.

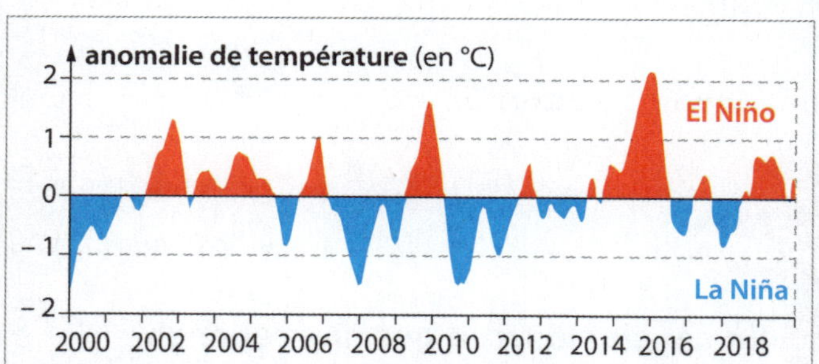

Doc. 3 Chronologie des événements El Niño, entre 2010 et 2019.

Doc. 4 Incendies en Indonésie en 2019, dus à la sécheresse.

1 En quoi El Niño est-il un **risque climatique** ?

....

....

....

....

Étudier un risque lié à un dérèglement climatique anthropique

13 MESURES RELATIVES À LA LUTTE CONTRE LES CHANGEMENTS CLIMATIQUES

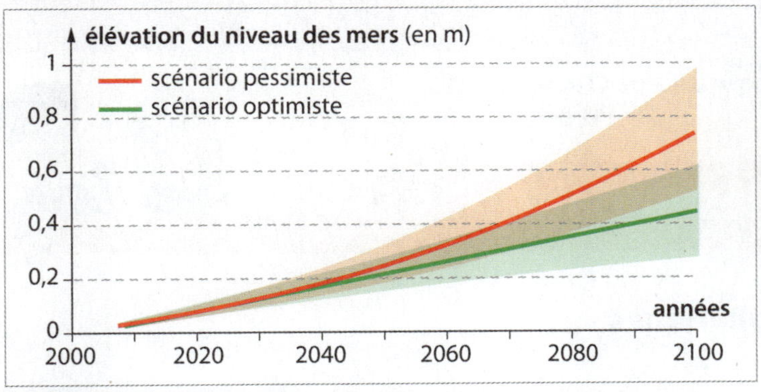

Doc. 5 Prévisions d'élévation du niveau des mers pour le XXIe siècle. L'augmentation rapide des températures est due aux activités humaines qui rejettent des **gaz à effet de serre** dans l'atmosphère. Cette augmentation provoque la fonte des glaces des pôles et une dilatation de l'eau, qui prend alors plus de place.

Doc. 6 Digue actuelle aux Pays-Bas, nommée « Afsluitdijk ». 26 % de la surface des Pays-Bas est située sous le niveau des mers. Des digues retiennent l'eau. Des bancs de sables artificiels modifieraient la côte. La circulation de l'eau pourrait être utilisée pour fabriquer de l'électricité.

Doc. 7 La république des Maldives, un état de l'océan Indien, constitué d'un ensemble de petites îles. Leur point culminant n'est que de 2,3 m.

Doc. 8 Le 31 janvier 1953, la digue cède aux Pays-Bas ; plus de 2500 habitants sont décédés.

2 À l'aide des doc. 5 à 8, expliquer le risque couru aux Pays-Bas et aux Maldives.

....

....

....

3 Indiquer comment les Pays-Bas envisagent l'avenir des digues.

....

....

Les définitions

- **Anthropique** : qui est en rapport avec l'espèce humaine.
- **Gaz à effet de serre** : gaz contribuant à l'élévation de la température de l'atmosphère (CO_2 principalement).
- **Risque climatique** : risque dont l'échelle de temps est grande (mois, année).

Notion à retenir

4 En conclusion, rédiger une réponse au problème posé.

....

....

....

....

BILAN Le fonctionnement externe de la Terre

Objectif du chapitre

Expliquer quelques phénomènes météorologiques et climatiques.

Formuler les notions clés

UNITÉ 30 ▶ **Les mouvements atmosphériques**

UNITÉ 31 ▶ **Les mouvements océaniques**

UNITÉ 32 ▶ **L'origine des mouvements atmosphériques et océaniques**

UNITÉ 33 ▶ **Le fonctionnement météorologique de la planète**

UNITÉ 34 ▶ **Les climats de la Terre**

UNITÉ 35 ▶ **L'évolution du climat au cours du temps**

UNITÉ 36 ▶ **L'être humain face au risque météorologique**

UNITÉ 37 ▶ **L'être humain face au risque climatique**

Retenir par l'image

SCHÉMA animé college.nathan.fr/svt595

LE CLIMAT VARIE

DANS LE TEMPS

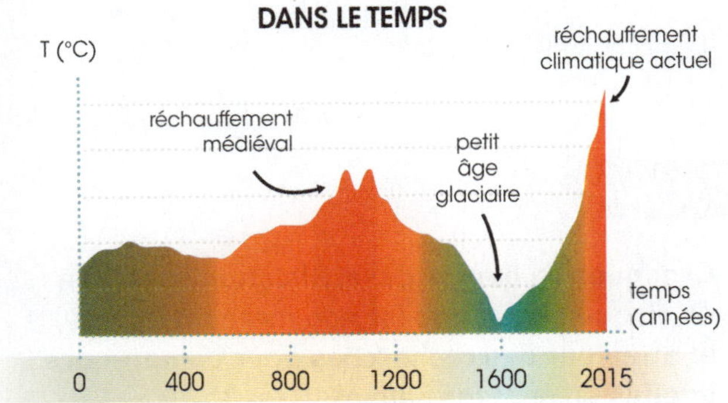

DANS L'ESPACE

MÉTÉO
changements rapides

CLIMAT
dérèglements à long terme

ALÉA × **ENJEUX** = **RISQUE**

- ALÉA : crue / tempête / montée des eaux
- ENJEUX : • populations • infrastructures
- RISQUE : • victimes • dégâts matériels

Formuler un résumé du chapitre

....

....

....

....

....

Exercices

Tester ses connaissances

QCM supplémentaires college.nathan.fr/svt596

QCM

1 Pour chaque affirmation, cocher la seule proposition exacte.

a. Quels éléments ne permettent pas de reconstituer les climats du passé ?
- ☐ les cernes des arbres
- ☐ les bulles d'air dans les glaces
- ☐ l'orientation des vents

b. Quel événement est un risque climatique :
- ☐ El Niño
- ☐ une tempête de sable
- ☐ un cyclone

c. Les grandes zones climatiques terrestres définissent :
- ☐ les grands biomes terrestres
- ☐ la circulation océanique
- ☐ les précipitations et la température

d. Les masses d'air circulent :
- ☐ des hautes pressions vers les basses pressions
- ☐ des basses pressions vers les hautes pressions
- ☐ des dépressions vers les anticyclones

VRAI FAUX

2 Indiquer si les propositions sont vraies ou fausses.

	Vrai	Faux
a. El Niño est un événement facilement prévisible et donc à vulnérabilité limitée.	☐	☐
b. Le soleil influence beaucoup les climats terrestres.	☐	☐
c. Le soleil ne chauffe pas de la même manière l'équateur et les pôles.	☐	☐
d. Les courants océaniques influencent les vents.	☐	☐

Utiliser ses connaissances

3 La progression du désert menace l'Afrique

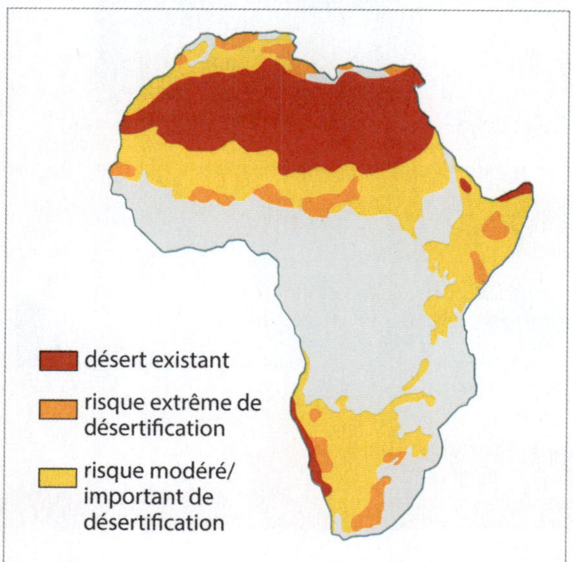

Doc. 1 La progression du désert en l'Afrique.
Chaque année, le désert avance inexorablement. On parle de désertification. Un sixième de la population mondiale est concerné par ce phénomène.

Expliquer en quoi la désertification constitue un risque climatique (et non météorologique) et effectuer des recherches pour comprendre quelles en sont les causes.

Approfondir

4 La Route du Rhum

La Route du Rhum est une course transatlantique réalisée en bateau à voile, courue en solitaire, tous les quatre ans depuis 1978. Le départ a lieu à Saint-Malo en Bretagne et l'arrivée à Pointe-à-Pitre en Guadeloupe.

Doc. 1 Le départ de la Route du Rhum.

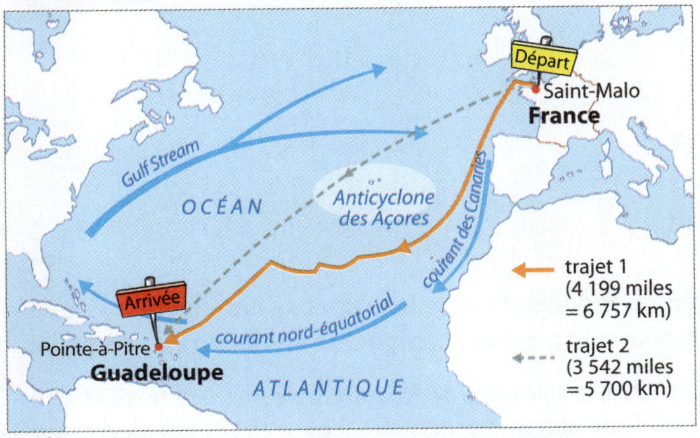

Doc. 2 La Route du Rhum, différents trajets possibles.

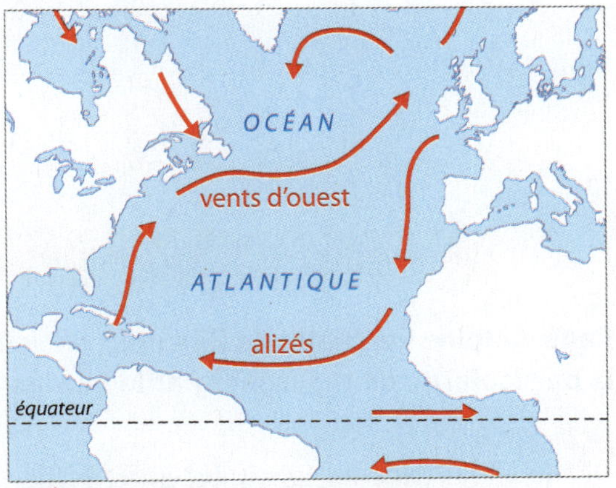

Doc. 3 Les vents de surface au-dessus de l'océan Atlantique.

CONSIGNE **À l'aide des documents, justifier que les participants choisissent le trajet 1 pour effectuer cette course.**

....

....

....

....

....

....

....

....

....

....

Mettre en œuvre une démarche scientifique

Les connaissances sur la digestion se sont affinées au cours du temps. Au XVIIe siècle, Giovanni Borelli (1608-1672) et ses contemporains affirmaient que les aliments étaient digérés par le broyage mécanique des dents et de l'estomac.

Borelli.

J'identifie le problème à résoudre et l'hypothèse à vérifier

● **Au XVIIIe siècle, le naturaliste français René-Antoine Ferchault de Réaumur (1683-1757) s'interroge sur l'affirmation de Borelli et pense qu'une action mécanique seule ne suffit pas et qu'un phénomène chimique intervient.**

Réaumur.

1. Formuler le problème que souhaite résoudre René-Antoine de Réaumur.

....

2. Énoncer l'hypothèse proposée par le naturaliste.

....

....

....

Je comprends l'expérience et je fais preuve d'esprit critique

● **René-Antoine Ferchault de Réaumur choisit comme modèle d'étude les rapaces car ils ont la particularité de régurgiter par le bec les aliments non digérés, compactés en pelotes de réjection.**

« Je plaçai dans un gros tube en fer blanc ouvert par les deux bouts, un morceau de viande. Le tube ainsi garni de viande fut donné à la buse pour son premier déjeuner à sept heures du matin. »

Doc. 1 Mémoire de René-Antoine de Réaumur, 1752.

3. Surligner dans le doc. 1 le matériel vivant ou non utilisé par Réaumur puis réaliser un croquis de l'expérience.

COUP de pouce college.nathan.fr/svt598

4. L'expérience de Réaumur, seule, est inexploitable. Quel élément manque-t-il pour tirer une conclusion ?

....

....

....

....

....

5. Décrire les résultats envisageables dans les deux cas suivants :

a. L'hypothèse est validée :

....

....

....

b. L'hypothèse est réfutée :

....

....

Je compare les résultats pour conclure

« Ce ne fut que le lendemain que je trouvai le tube qu'elle venait de rendre : il avait toute sa rondeur, on ne découvrait sur sa surface extérieure aucune trace de frottements. Le morceau de viande avait été réduit peut-être au quart de son premier volume et de son premier poids ; ce qui en restait était couvert par une espèce de bouillie, venue probablement de celles de ses parties qui avaient été dissoutes. Le reste de la chair avait perdu de sa consistance ; en la tirant doucement avec la pointe d'un canif, on la mettait en charpie ; son odeur n'était point celle de la viande pourrie. Elle en avait pris une qui n'avait rien de si désagréable. Il est donc incontestablement prouvé que la viande peut être digérée dans l'estomac des oiseaux carnassiers sans y avoir été broyée, mais sans même y avoir souffert les plus légers frottements… »

Doc. 2 ***Sur la digestion des oiseaux*, mémoire de l'Académie royale des sciences, René-Antoine de Réaumur, 1752.**

Doc. 3 **Rapace.**

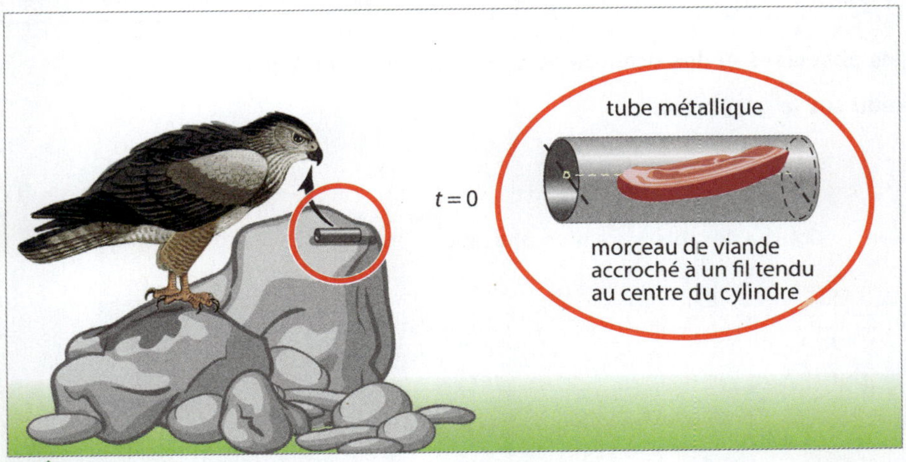

Doc. 4 **Expérience de Réaumur.**

6. **Schématiser le résultat de l'expérience de Réaumur et du tube témoin à l'aide des doc. 2 et 4.**

7. **Comparer les résultats.**

....

....

....

....

8. **Expliquer la conclusion faite par Réaumur dans son discours.**

....

....

....

....

....

....

....

....

Lire et construire des graphiques

La taille des phasmes augmente en fonction du temps. Tous les 15 jours, la taille augmente puis reste stable.
La croissance est discontinue, il grandit par palier car il mue, c'est-à-dire qu'il se débarrasse de son squelette externe devenu trop petit.

Jeune phasme

Mue de phasme

Je construis la courbe de croissance d'un phasme à partir d'un tableau de données

Âge du phasme (en jours)	0	15 matin	15 soir	30 matin	30 soir	45 matin	45 soir	60 matin	60 soir	75 matin	75 soir	90 matin	90 soir
Taille (en mm)	10	10	13	13	17	17	23	23	31	31	46	46	70

1. Ajouter les titres des axes des abscisses et des ordonnées en précisant les unités.

2. Reporter les valeurs du tableau sur le graphique.

3. Relier les points entre eux.

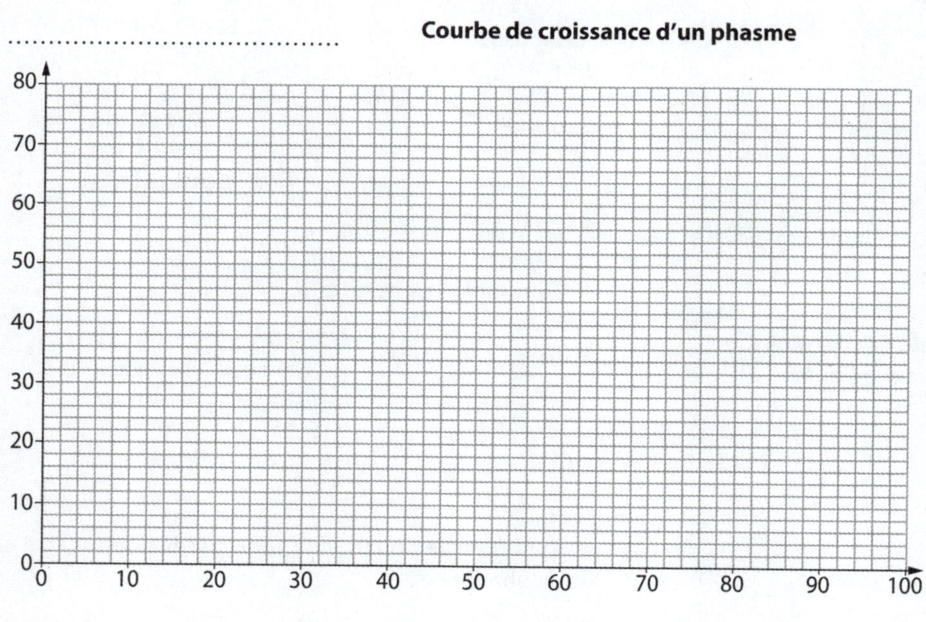

Coups de pouce

- Une courbe de croissance décrit l'augmentation de la taille en fonction de l'âge donc l'âge est sur l'axe des abscisses et la taille sur l'axe des ordonnées.
- L'axe des abscisses est l'axe horizontal et l'axe des ordonnées est l'axe vertical.
- Le titre d'un axe doit comporter la grandeur mesurée (taille, âge, etc..) et l'unité de cette grandeur.

J'analyse une courbe

- On s'intéresse à la courbe de corpulence du carnet de santé d'Adrien, un garçon âgé de 11 ans. Les croix rouges représentent les valeurs de l'indice de masse corporelle de ce garçon et les courbes bleues représentent les limites supérieure et inférieure normales pour des garçons aux mêmes âges. Enfin, la courbe bleue en pointillés sépare le domaine de l'obésité de degré 1 (modérée) de celle de degré 2 (forte).

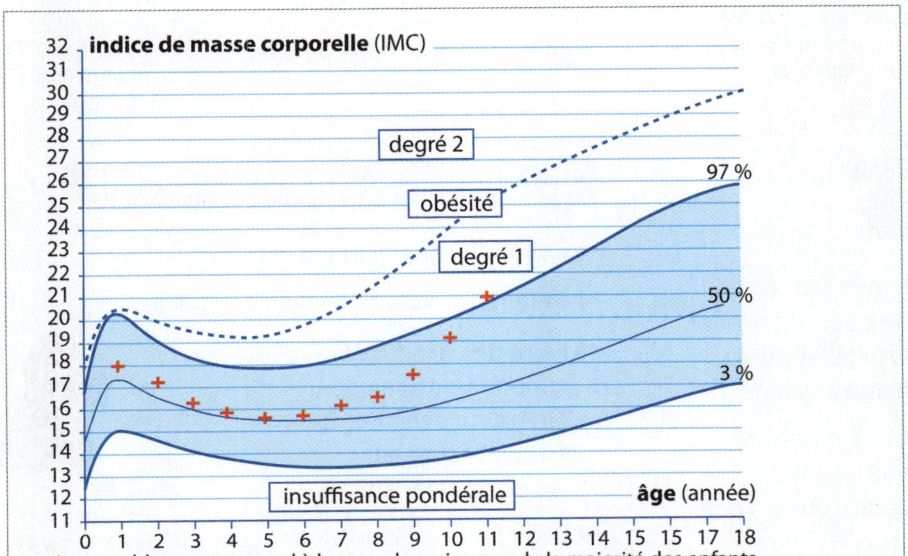

La zone bleue correspond à la zone de croissance de la majorité des enfants.

Tous les IMC compris dans la zone bleue correspondent à des indices de bonne santé.

Pour connaître la valeur de l'IMC à partir d'un âge, il faut tirer un trait vertical à partir de l'axe des abscisses. À l'intersection entre ce trait et la courbe ou le point, on trace un trait horizontal jusqu'à l'axe vertical. À l'intersection, il suffit de lire la valeur sur l'axe.

4. Indiquer entre quelles valeurs varie l'IMC d'un garçon de corpulence saine âgé de 6 ans.

....

....

5. Indiquer la valeur de l'IMC d'Adrien à 6 ans.

....

6. Indiquer entre quelles valeurs varie l'IMC d'un garçon de corpulence saine âgé de 11 ans.

....

7. Indiquer la valeur de l'IMC d'Adrien à 11 ans.

....

8. Décrire l'évolution de l'IMC d'Adrien de 1 à 11 ans.

....

....

....

....

....

L'apprentissage commence en classe

- → Se mettre dans de bonnes conditions d'écoute.
- → Faire l'effort de comprendre ce qui est dit.
- → Poser des questions quand on ne comprend pas.

Quand je sors du cours, j'ai compris ce qui a été dit.

L'apprentissage doit être régulier

Chaque soir :

- → relire les cours de la journée ;
- → faire le travail demandé (exercices écrits et leçons) ;
- → apprendre les mots de vocabulaire nouveaux ;
- → noter les questions à poser.

À la maison, je travaille sans écran ni musique.

L'apprentissage ne se fait pas dans l'urgence

- → S'avancer dans les devoirs permet de ne pas se laisser déborder : profiter des demi-journées libres et des week-ends pour travailler sur les devoirs à faire pour la semaine à venir.
- → Certains préfèrent lire et répéter à haute voix, d'autres ré-écrivent jusqu'à avoir retenu. Testez différentes méthodes pour trouver celle qui vous correspond le mieux !
- → Pour les évaluations, il est important de travailler de manière régulière et d'apprendre les notions importantes jour après jour.

L'apprentissage doit être régulier

- → Revoir les bilans et les activités.
- → Refaire les exercices faits en classe.
- → Faire des exercices supplémentaires pour être sûr d'avoir compris en réinvestissant les compétences.
- → Réaliser des fiches de révision ou des cartes mentales.

Pendant les vacances, je révise ce qui a été vu les semaines précédentes.

À mon tour

CONSIGNE ▶ Faire un planning de travail hebdomadaire personnalisé avec les cours à travailler chaque jour.

Exemple : j'ai français le lundi et mathématiques le mardi. Je note que le lundi soir, je dois relire les cours de français et de mathématiques.

Lundi	Mardi	Mercredi	Jeudi	Vendredi	Week-end
....	....	....	....	....	....
....	....	....	....	....	....
....	....	....	....	....	....
....	....	....	....	....	....
....	....	....	....	....	....
....	....	....	....	....	....
....	....	....	....	....	....
....	....	....	....	....	....
....	....	....	....	....	....
....	....	....	....	....	....

J'apprends à... lire et comprendre une consigne

Question ou action ?

QUESTION ▶ Où s'effectue le passage des nutriments dans le sang ?

Qui Que Quand Où Combien → On attend une information.

Comment Pourquoi En quoi → On attend une analyse.

ACTION ▶ Nommer le lieu de passage des nutriments dans le sang.

Entourer Souligner Nommer → On demande de réaliser une action.

Étape 1 Repérer les différentes parties de la consigne

→ **Lire** la consigne en entier.

→ Sur le sujet distribué, **entourer** les différentes parties de la consigne.

À l'aide de l'expérience proposée, identifier les besoins des organes.

document à utiliser — verbe d'action — objectif

Expliquer l'intérêt de limiter la pêche industrielle en exploitant la graphique de l'évolution des stocks de poissons au cours du temps.

verbe d'action — objectif — connaissance à utiliser

Étape 2 Comprendre le sens des verbes

→ **Citer, indiquer :** énoncer précisément un ou plusieurs éléments, sans donner d'explication.

→ **Comparer :** présenter les points communs et les différences entre plusieurs éléments.

→ **Conclure :** résumer les éléments de sa démarche dans un bilan concis (= court et clair).

→ **Décrire :** présenter ce que l'on voit de façon précise, sans donner d'explication.

→ **Expliquer :** faire comprendre en reliant la cause et la conséquence.

→ **Exploiter un document :** décrire le document puis faire une déduction à partir des informations qu'il apporte.

→ **Identifier :** déterminer la nature de quelque chose.

→ **Justifier :** trouver dans ses connaissances et/ou dans des documents, des éléments qui montrent la réalité d'une affirmation.

→ **Montrer, démontrer, prouver :** retrouver par un raisonnement le résultat énoncé dans la consigne.

À mon tour

CONSIGNE ▶ Zébulon est une gerbille (petit rongeur). Pendant quinze jours, Zébulon a été malade et ne s'est presque pas alimenté. Le graphique ci-contre représente l'évolution de sa masse au cours du temps.

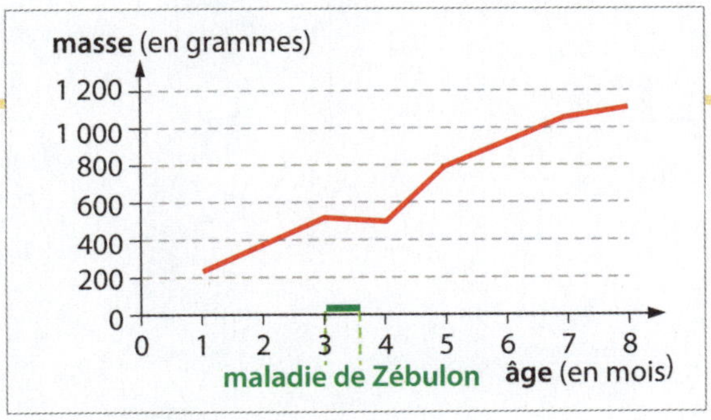

▶ **Relier chaque réponse à une consigne.**

Consignes

1. Indiquer la masse de Zébulon à 5 mois. •
2. Expliquer l'effet de la maladie sur la croissance de Zébulon. •
3. Décrire la variation de la masse de Zébulon durant les 7 mois du suivi. •

Réponses

- • **a.** La masse de Zébulon a légèrement diminué pendant sa maladie car il ne s'est presque pas alimenté.
- • **b.** À 5 mois, Zébulon pèse 800 grammes.
- • **c.** La masse de Zébulon a augmenté, elle est passée de 250 g à 1100 g en 7 mois.

J'apprends à… réaliser une carte mentale

Qu'est-ce qu'une carte mentale ?

→ C'est une représentation graphique associant des mots-clés et des dessins ou des images. Elle permet de résumer et d'organiser ses idées sur une notion à mémoriser, à apprendre, à exposer ou à découvrir.

EXEMPLE ▶ Unité 36, page 90. L'être humain face au risque météorologique.

Étape 1 Écrire le sujet au centre de la feuille

Le sujet peut être :

→ un thème général regroupant plusieurs chapitres du cours : *le fonctionnement de l'organisme lors d'un effort, le fonctionnement externe de la Terre.*

→ une notion précise : *les besoins des organes, le sismomètre.*

→ un phénomène biologique ou géologique : *la digestion, les modalités de la reproduction sexuée, les mouvements océaniques.*

Étape 2 Organiser ses idées

→ Sur une feuille de brouillon, faire la liste des idées en relation avec le sujet.

→ Organiser les idées en regroupant celles qui traitent d'une même grande idée et en écartant celles qui s'éloignent du sujet.

Étape 3 Dessiner la carte mentale

→ À partir du sujet central, dessiner une branche par grande idée.

→ Si le sujet nécessite une notion d'ordre chronologique, alors les branches se lisent dans le sens des aiguilles d'une montre.

→ À partir de chaque grande idée, dessiner des ramifications pour chaque idée. Choisir une couleur différente par grande idée.

→ Dessiner ou découper des images pour illustrer.

À mon tour

CONSIGNE ▶ Construire une carte mentale sur la notion de précise de *risque météorologique*.

J'apprends à... mener une tâche complexe

Qu'est-ce qu'une tâche complexe ?

→ Complexe ne veut pas dire compliquée : il s'agit de répondre à une problématique à partir de documents ou d'activités sans être guidé par des questions intermédiaires. Il faut déterminer ce dont avez besoin pour répondre au problème puis le trouver dans ce qui est à votre disposition.

EXEMPLE ▶ Unité 10, page 26. Déséquilibres alimentaires et maladies nutritionnelles.

Étape 1 Identifier la problématique

→ Commencer par bien lire la consigne pour comprendre quelle question est posée. Identifier les mots importants et s'assurer qu'ils sont bien compris.

→ Éventuellement faire une liste des questions intermédiaires auxquelles il faudra avoir répondu pour proposer une réponse à la problématique.

Étape 2 Exploiter les documents

→ Lire attentivement l'intégralité des documents et y rechercher les informations qui permettront de répondre à la problématique (tout n'est pas utile). Noter ces éléments de réponse au brouillon.

→ Faire si besoin le lien avec les questions intermédiaires déterminées à l'étape précédente.

Étape 3 Organiser sa réponse

→ Relier les informations tirées des documents entre elles et éventuellement ajouter des connaissances pour construire une réponse à la problématique initiale avec un ordre logique.

Étape 4 Répondre au problème posé

→ **Utiliser pour cela la forme imposée par la consigne.**

→ Pour une réponse rédigée, faire un paragraphe par idée avec une rédaction de l'exploitation du document ou de l'activité qui a permis de dégager un élément de réponse.

→ Terminer par une phrase de conclusion qui réponde directement à la problématique initiale.

À mon tour

CONSIGNE ▶ Expliquer à Tom et Adrien les conséquences de leur conduite alimentaire et les risques éventuels encourus par leur organisme.

▶ **Lire la consigne, surligner les mots importants et proposer une liste de questions intermédiaires.**

....

▶ **Lire les documents de l'unité 10 pages 26-27 et noter au brouillon les éléments de réponse.**

....

▶ **Classer les informations tirées des documents dans un ordre logique afin de construire la réponse.**

....

J'apprends à... réaliser un dessin d'observation

Qu'est-ce qu'un dessin d'observation ?

→ Le dessin d'observation est un mode de présentation visant à reproduire le plus fidèlement possible un objet macroscopique ou microscopique.

EXEMPLE ▶ Unité 3, page 9. Observer le rapprochement des cellules reproductives.

Étape 1 Dessiner soigneusement

OBJECTIF ▶ Représenter le plus fidèlement possible l'objet dessiné.

→ Utiliser un crayon à papier pas trop gras pour effacer sans laisser de traces.

→ Tracer des traits nets et précis pour représenter les différentes parties de l'objet.

→ Faire des allers et retours réguliers entre le dessin et l'objet observé.

→ Respecter les proportions.

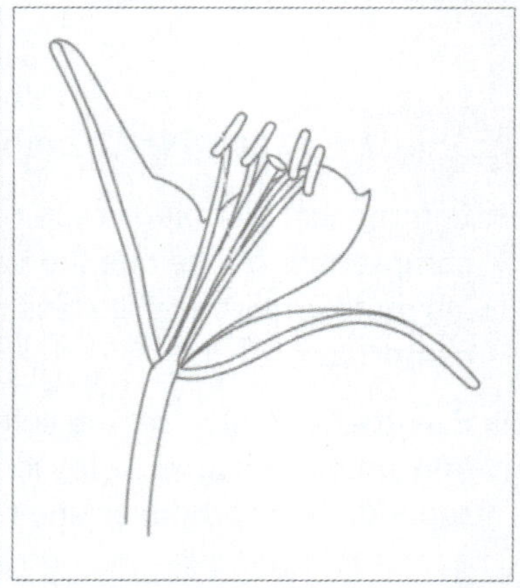

Étape 2 Ajouter des indications

OBJECTIF ▶ Indiquer ce que représente le dessin d'observation.

→ Rédiger un titre qui décrit précisément l'objet observé et le moyen d'observation utilisé.

→ Indiquer le grossissement de l'instrument utilisé.

→ Écrire les légendes permettant de comprendre ce qui a été observé en évitant de croiser les traits de rappel.

CONSIGNE ▶ Compléter le schéma du lis en ajoutant un titre et des légendes.

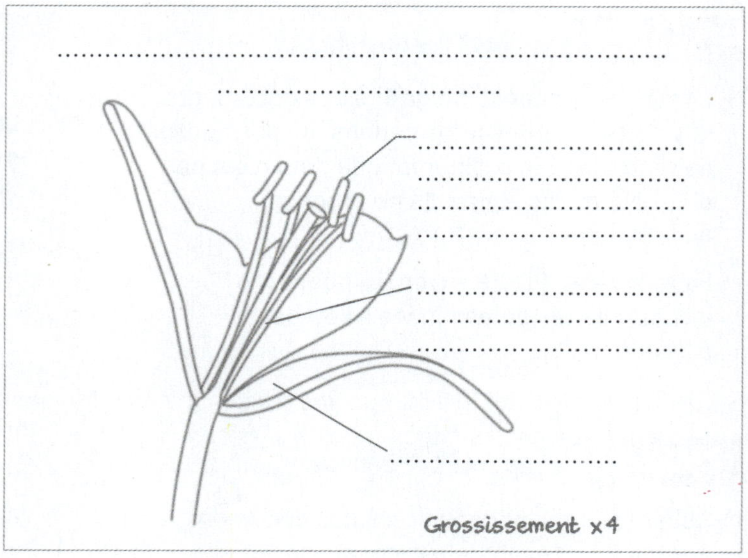

À mon tour

CONSIGNE ▶ Réaliser un dessin d'observation de la fécondation chez l'oursin.
(→ Unité 2, page 6)

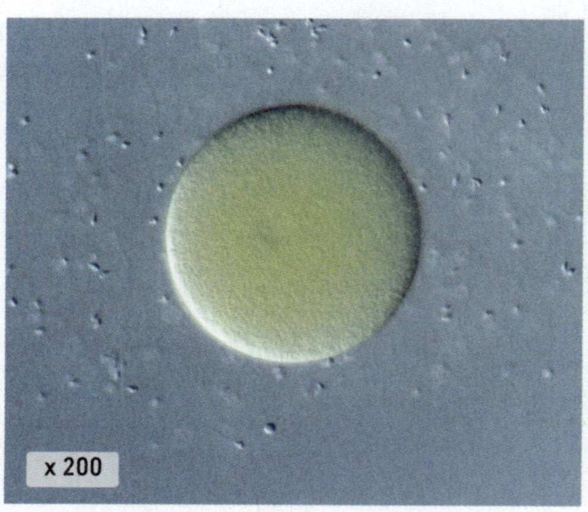

J'apprends à... réaliser un schéma fonctionnel

Qu'est-ce qu'un schéma fonctionnel ?

→ Un schéma fonctionnel est une représentation simplifiée de la réalité observée : les formes réelles sont remplacées par des formes simples et les détails inutiles à la compréhension ne sont pas représentés. Le schéma fonctionnel illustre une dynamique.

EXEMPLE ▶ **Unité 23, page 56. De la perception au mouvement.**

Étape 1 Préparer le schéma fonctionnel

→ Faire la liste des éléments à représenter : ce sont ceux qui interviennent dans le mécanisme étudié.
Par exemple : yeux, stimulation, cerveau...

→ Rechercher le(s) lien(s) fonctionnel(s) entre ces éléments.
Pour cela, se poser la question :
« Quelles sont les relations entre les différents éléments ? »
Exemple : les yeux reçoivent la stimulation et transmettent un message nerveux au cerveau.

→ Choisir des symboles (formes géométriques, lettres, numéros) et des couleurs pour chaque élément.
Par exemple, représenter les actions en noir, les organes dans différentes formes, la fonction des organes en rouge et les différents types de message en vert.

→ Réfléchir à la disposition de ces éléments.

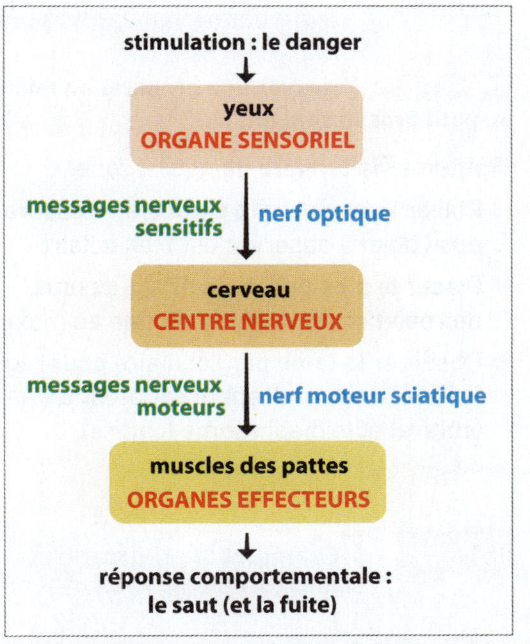

▲ Exemple de schéma fonctionnel.

Étape 2 Réaliser le schéma

→ Schématiser les relations fonctionnelles entre les éléments par des flèches (d'épaisseur et de couleur différentes si besoin).

→ Rédiger soigneusement la légende en précisant le sens des symboles et des couleurs.

→ Ajouter un titre traduisant les relations établies.

→ Vérifier qu'en lisant le schéma, une personne non informée sur le sujet sera capable de comprendre le fonctionnement du mécanisme.

À mon tour

CONSIGNE ▶ **Compléter les étiquettes ci-dessous pour réaliser un schéma fonctionnel sur la fécondation.**
(→ Unité 2, page 6)

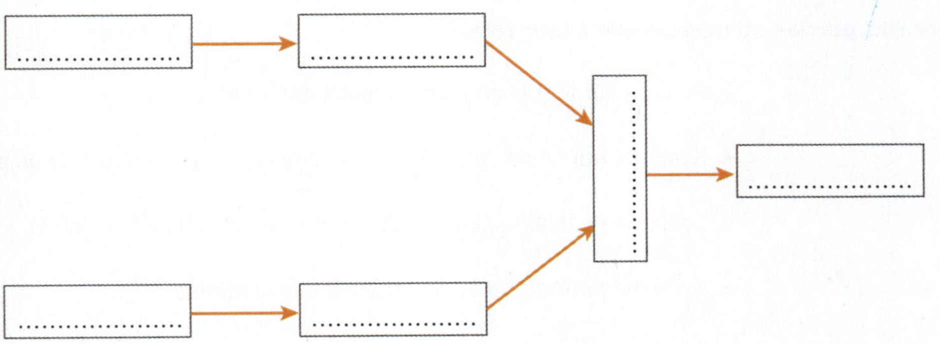

poule

cellule-œuf

spermatozoïdes

coq

fécondation

ovules

J'apprends à… utiliser un microscope

Objectif

→ Utiliser un microscope pour observer des structures non visibles à l'œil nu.

Étape 1 Positionner et éclairer correctement la préparation microscopique

OBJECTIF ▶ Observer une préparation microscopique au petit grossissement.

→ Allumer la lumière du microscope.
→ Placer la lame sur la platine en s'assurant que l'objet à observer est bien éclairé.
→ Placer le plus petit objectif au-dessus de l'objet et remonter la platine au maximum.
→ Observer la lame par l'oculaire pour régler la lumière en utilisant le variateur d'intensité (chiffre) et le diaphragme (chiffre).

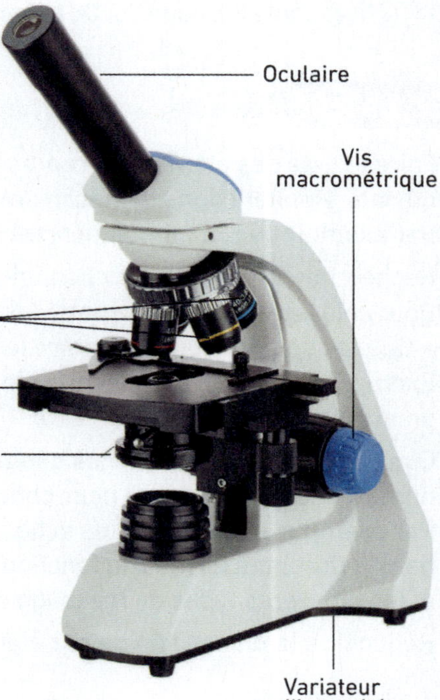

Étape 2 Examiner la préparation microscopique et changer d'objectif

OBJECTIF ▶ Choisir la meilleure zone d'observation et le meilleur grossissement.

→ Centrer l'objet à observer au plus faible grossissement (objectif × 4).
→ Sans déplacer la lame, ni toucher à la vis macrométrique, placer l'objectif moyen (grossissement × 10).
→ Ajuster éventuellement la netteté et l'éclairage en observant par l'oculaire.
→ Parcourir la lame en la déplaçant lentement pour trouver la meilleure zone d'observation.
→ Sans déplacer la lame, ni toucher à la vis macrométrique, placer l'objectif le plus puissant (grossissement × 40).
→ Ajuster éventuellement la netteté et l'éclairage en observant par l'oculaire.

À mon tour

CONSIGNE ▶ Relier les différentes parties du microscope à leur rôle.

Oculaire •	• Plateau sur lequel on place l'objet à observer
Vis macrométrique •	• Système qui limite l'étendue du faisceau lumineux éclairant l'objet
Diaphragme •	• Système de lentilles qui reçoit la lumière ayant traversé l'objet
Platine •	• Système permettant le déplacement de la platine
Objectif •	• Système de lentilles devant lequel on place l'œil

A

Absorption intestinale : passage des nutriments de la lumière de l'intestin grêle dans le sang.

Aire de répartition : zone géographique où l'on peut rencontrer une espèce donnée.

Aléa : probabilité que se produise un phénomène naturel.

Un aléa

Aliments bâtisseurs : nécessaires à la formation de l'ossature et au développement de la masse musculaire de notre organisme.

Aliments énergétiques : fournissent de l'énergie pour les cellules de l'organisme, mais également des substances de réserve.

Aliments fonctionnels : apportent fibres, minéraux et vitamines ; sont protecteurs et nécessaires au bon fonctionnement de notre organisme.

Alvéole pulmonaire : sac microscopique très vascularisé situé à l'extrémité des bronches.

Anthropique : qui est en rapport avec l'espèce humaine.

Asexué : espèce ne comportant pas d'individus sexués.

atm : unité de pression. Une « atm » correspond à la pression atmosphérique moyenne au niveau de la mer sur la latitude de Paris.

Axénique : dépourvu de tout micro-organisme et notamment de microbiote.

B

Biodiversité : ensemble de la diversité du vivant en un lieu donné.

Biomasse : masse de matière organique sur une surface donnée.

Biotechnologie : application de la technologie aux organismes vivants pour obtenir des produits.

Bourgeon : structure contenant les cellules nécessaires pour la production d'un nouvel organe ou d'un nouvel individu.

Bouturage : technique consistant à donner naissance à un nouvel individu (individu enfant de la plante mère) à partir d'un organe ou d'un fragment d'organe isolé (morceau de rameau, feuille, racine, tige).

C

Capillaire : vaisseau sanguin très fin présent dans tous les organes.

Cellule-œuf : cellule formée à l'issue d'une fécondation. En se divisant, la cellule-œuf est à l'origine d'un nouvel individu.

Cellule reproductrice ou gamète : cellule qui assure la fécondation (spermatozoïde et ovule).

Centre nerveux : structure capable de recevoir un message nerveux, de le traiter et de formuler un nouveau message nerveux.

Chaine alimentaire : dans un écosystème, les espèces peuvent se nourrir aux dépens de certaines espèces ou servir de nourriture pour d'autres espèces. L'ensemble de ces relations constitue une chaîne alimentaire.

Circulation atmosphérique : déplacement des masses d'air de l'atmosphère (vents).

Circulation thermohaline : courants océaniques liés à des différences de salinité et de température des eaux.

Climat chaud : les températures sont élevées toute l'année (minimum 18 °C).

Climat froid : les températures sont froides toute l'année.

Climatologie : moyenne des données météorologiques sur un temps long (dizaines d'années).

Climat tempéré : les températures dépassent les 10 °C pendant une période de 4 à 7 mois, il y a une alternance entre une saison froide et une saison chaude.

Clone : individu identique à celui qui l'a produit.

Cycle de vie : succession des étapes de la vie d'un individu de sa naissance à sa mort. Un nouveau cycle démarre grâce à la reproduction.

D

Développement Durable : développement qui répond aux besoins du présent sans compromettre la capacité des générations futures à répondre aux leurs.

Dissémination : action de disperser, de répandre de nouveaux individus dans un milieu de vie.

Lexique

E

Écosystème : ensemble formé par une association d'êtres vivants, ainsi qu'un milieu de vie défini par la température, les précipitations, etc.

Effecteur : organe capable de réaliser un mouvement lorsqu'un message nerveux arrive.

Enjeu : ensemble des personnes, habitations, activités économiques et infrastructures susceptibles d'être menacées par un phénomène naturel.

Enzyme digestive : substance contenue dans les sucs digestifs, permettant la transformation des aliments en nutriments.

Eutrophisation : forme de pollution de certains écosystèmes aquatiques qui se produit lorsque le milieu reçoit trop de matières nutritives (principalement les phosphates) assimilables par les algues et que celles-ci prolifèrent.

F

Fécondation : union d'une cellule reproductrice mâle et d'une cellule reproductrice femelle.

Fécondité : nombre moyen de descendants par portée.

G

Gaz à effet de serre : gaz contribuant à l'élévation de la température de l'atmosphère (CO_2 principalement).

Gulf stream : courant océanique prenant sa source entre la Floride et les Bahamas et se dirigeant dans l'océan Atlantique vers le Groenland après avoir longé les côtes européennes.

I

IRM : technique d'imagerie par Résonance magnétique.

J

Jet-stream : vent très violent (de 90 à 360 km/h) soufflant d'ouest en est, formé à la limite de la basse et de la haute atmosphère.

M

Malnutrition : déséquilibre (carence ou excès) dans l'apport énergétique et/ou nutritionnel (apport en nutriments bâtisseurs ou fonctionnels).

Message nerveux : activité électrique se propageant dans les cellules nerveuses.

Message nerveux sensitif : message nerveux issu d'un récepteur sensoriel, en direction d'un centre nerveux.

Mesures d'atténuation : mesures permettant de limiter les effets négatifs au minimum sur la biodiversité.

Mesures de prévention : mesures réfléchies avant l'action pour éviter les effets négatifs sur la biodiversité existante.

Mesures de réhabilitation : mesures pour réparer, restaurer un écosystème qui a été détruit. Ces mesures permettent le retour d'une biodiversité.

Métabolisme de base : besoin énergétique incompressible de l'organisme, permettant son fonctionnement minimal (sans travail digestif, sans lutte contre le froid ou le chaud et sans travail musculaire).

Météorologie : données (sur les températures, les précipitations, la pression atmosphérique, les vents...) à un moment précis.

Microbiote : ensemble des micro-organismes (bactéries, levures, etc.) présents sur et dans un individu.

Modèle : représentation de la réalité pour comprendre et prévoir.

N

Nerf : structure constituée des axones des cellules nerveuses et capable de transmettre des messages nerveux.

Nerf moteur : nerf transportant un message nerveux moteur qui permet la contraction des muscles.

Nerf optique : nerf transportant les messages nerveux visuels.

Nutriment : molécule simple soluble (capable de se dissoudre dans l'eau) issue de la digestion et utilisable par l'organisme.

O

Ovipare : espèce dont la femelle pond des œufs.

P

Paraplégie : impossibilité de mouvement des membres supérieurs ou inférieurs.

Période glaciaire (glaciation) : période pendant laquelle la température de la Terre est globalement plus froide par rapport à l'actuelle.

Période interglaciaire : période qui sépare deux glaciations.

Pesticide : produit chimique permettant d'éliminer les parasites des cultures.

Population : ensemble d'individus d'une même espèce et peuplant une région donnée.

Pouls : battements ressentis au niveau des vaisseaux sanguins du poignet et provoqués par les contractions cardiaques.

R

Récepteur sensoriel : organe qui reçoit l'information sensorielle et transmet un message nerveux au cerveau.

Réchauffement climatique actuel : augmentation rapide et régulière de la température annuelle moyenne de la Terre liée aux activités humaines.

Réchauffement climatique global : réchauffement du climat de la Terre entière avec des augmentations de températures moyennes annuelles prévues comprises entre 3 et 6 °C d'ici à 2100.

Régime alimentaire : nature des aliments dont se nourrit un être vivant.

Reproduction sexuée : processus de formation de nouveaux individus à partir de la rencontre d'individus mâle et femelle ou d'organes reproducteurs mâle et femelle, de la même espèce.

Réseau de capillaires : ensemble de capillaires reliés entre eux et assurant la jonction entre une artère et une veine au sein d'un organe.

Risque : probabilité que se produise une catastrophe dont les effets peuvent menacer les populations et les biens. Le risque est météorologique si l'aléa est météorologique.

Risque climatique : risque dont l'échelle de temps est grande (mois, année).

Rotation des cultures : technique consistant à alterner chaque année les espèces cultivées sur un même champ et des années de prairie. Permet aux sols de se renouveler et de gagner en efficacité pour les cultures.

Rythme cardiaque : nombre de contractions cardiaques par minute.

Rythme respiratoire : nombre de cycles respiratoires (inspiration + expiration) par minute.

S

Sous-alimentation (ou sous-nutrition) : apport alimentaire insuffisant pour satisfaire les besoins énergétiques.

Sphincter : muscle circulaire entourant certains capillaires.

Suc digestif : substance produite par certains organes du tube digestif (glandes salivaires, estomac, pancréas).

Surface d'échanges : grande surface de très faible épaisseur constituée de cellules spécialisées et perméable à de petits éléments.

T

Tropopause : couche d'air entre la troposphère et la stratosphère, dans laquelle la température cesse de diminuer depuis le sol et commence à augmenter en montant.

V

Ventricule : cavité (ou creux) du cœur remplie périodiquement de sang, expulsé lors des contractions du cœur.

Villosité : repli interne de la paroi de l'intestin grêle.

Vitamine : substance sans valeur énergétique mais indispensable au fonctionnement de l'organisme, efficace à faible dose.

VO_2 max : volume maximal de dioxygène pouvant être inspiré lors d'un effort physique.

Crédits

Couverture : BIOSPHOTO/Patrick Kientz

2 : ONU/Objectifs de Développement Durable ; **4h** : Cosmos/SPL/Dr Morley Read ; **4m** : Biosphoto/B. Borrell Casals/FLPA ; **4bg** : Biosphoto/François Gilson ; **4bd** : Age Fotostock/Chico Sanchez ; **5g** : Hervé Conge ; **5d** : Biosphoto/Gilles Le Scanff & Joëlle-Caroline Mayer ; **6h** : ISM/Gérard Peaucellier ; **6m et b (et reprise p. 93)** : ISM/Hervé Conge ; **7h** : Gamma Rapho/Phillipe SUMM/JACANA ; **7m** : Biosphoto/Jean-Michel Labat ; **8hg** : Biosphoto/Dominique Gest ; **8hd** : Biosphoto/Christophe Perelle ; **8b** : Cosmos/SPL/C. Nuridsany & M. Perennou ; **9g** : ISM/Hervé Conge ; **9d** : Biosphoto/Claudius Thiriet ; **10 d** : Mauritius Images/Nature Picture Library/Konrad Wothe ; **10g** : BIOSPHOTO/Juniors ; **11g** : Biosphoto/Dominique Delfino ; **11d** : Biosphoto/Milos Andera ; **12** : GETTY IMAGES France/DEA/G. Cigolini ; **13** : NPL/Visuals Unlimited ; **14htg** : Nadine Masson Neaud/Ifremer ; **14bg** : NOWAK Adrien/Hans Lucas ; **14d** : BIOSPHOTO/Muriel Hazan ; **15** : GETTY IMAGES France/Thomas Kline/Design Pics ; **17** : Royal Botanic Gardens, Kew Richmond, Surrey ; **21g** : SPL/Wim van Egmond ; **21m** : Getty Images France/Corbis/Robert Pickett ; **21d** : Biosphoto/George Bernard/Photoshot ; **22d** : SHUTTERSTOCK/W.Y. Sunshine ; **22hg** : Cosmos/DR. Arthur Tucker/SPL ; **22hd** : Presse-Sports/Luttiau ; **22mg** : ISM/Hervé Conge ; **22mm** : ISM/Phototake/Carolina Biological Supply Company ; **25** : sweetgreen.com ; **29** : 2018 Dr Toshihiro HASEGAWA (National Agriculture and Food research Organization of japan) ; **30g** : Biosphoto/Jean-Michel Labat ; **31** : BSIP/Kessel & Kardon ; **32g** : AdocPhoto ; **32d** : Cosmos/SPL/Sheila Terry ; **35g** : ISM/Johannes Lieder ; **35d** : BSIP/Biophoto Associates ; **36g** : Getty Images France/Scimat Scimat ; **36m** : BSIP/Phototake/Gaugler ; **36d** : Droits réservés ; **37** : NCBI ; **42g** : ISTOCK/Colleen Butler ; **42d** : ADOBE STOCK PHOTO/MyriamB ; **43** : INRA/Roland Lebas ; **43d** : SPL France/©Living Art Enterprises ; **44** : Cosmos/SPL/Innerspace Imaging ; **45hg** : Biosphoto/J.M. Labat & Y. Lanceau ; **46-47** : © JEULIN réf. 485000-2021 ; **48** : IRM cardiaque par Neteditions ; **49** : Droits Réservés ; **50** : Phanie/Burger ; **51** : Getty Images France/Jim Lane ; **52g** : Getty Images France/Michael Dodge ; **52d** : Getty Images France/Michael Reaves ; **53h** : Comos/SPL/Montreal Neurological Ins ; 53b : BSIP/Biophoto Associates ; 54 : FUSY Olivier ; 55hg : Joseph Baudet ; **55md :** ISM/Sovereign ; **56** : BIOSPHOTO/Jean-Michel Labat ; **63mg** : Naturimages/Christophe Haye ; **63md** : Minden Pictures/Marc Gottenbos/NiS ; **63htg** : ADOBE STOCK PHOTO/anatchant ; **63htd** : AGE FOTOSTOCK/A. Hartl ; **64ht** : ADOBE STOCK PHOTO/Gary Saxe ; **64b** : BIOSPHOTO/Mathieu Foulquié ; **64m** : CIT'IMAGES/Eric CHAUVET ; **66** : Biosphoto/Pierre Huguet-Dubief ; **67ht** : Greenpeace/Jerome Sutton-Hibbert ; **67md et 59mg rhinoceros :** Biosphoto/Cyril Ruoso ; **tigre** : Fotolia ; **orang-outan** : MindenPictures/Suzi Eszterhas ; **éléphant** : Biosphoto/Sylvain Cordier ; **68htd** : ISTOCK/Creative Nature ; **68htg** : REA/Alexandra BREZNAY ; **69ht** : Parc départemental de l'île Saint-Denis © Département de la Seine-Saint-Denis / Jean-Louis Bellurget ; **69bd** : ANDIA/Jarry ; **69bg** : Fabien CLAIREAU (Naturalia-Environnement/CESCO-MNHN/Greifswald university en partenariat avec VINCI-Autoroutes) ; **72** : Getty Images France/Ian Mcallister ; **77** : Biosphoto/Claudius Thiriet ; **80b** : NASA ; **80htd** : Image courtesy the SeaWIFS Project, Nasa/Goddard Space Flight center nad ORBIMAGE ; **80htg** : Science VU/NOAA/Visuals Unlimited Inc. ; **86h** : AdobeStock ; **86b** : photo12.com/Alamy ; **87htg** : Plainpicture/Minden Pictures/Michio Hoshino ; **87htd** : DAGNEAU Yannick ; **87m** : BIOSPHOYO/Sylvain Cordier ; **88** : CNRS/PEV/LGGE/Thibaut Vergoz ; **89** : Plainpicture/Gallery Stock ; **90h** : Cosmos/Didier Ruef ; **90b** : AFP/Vietnam News Agency ; **91** : polynesie-francaise.pref.gouv.fr ; **92** : GETTY IMAGES France/Andrew Merry ; **93htd** : BIOSPHOTO/SPL/Colin Cuthbert ; **93md** : GAMMA RAPHO/Dominique Berretty ; **93mg** : Getty Images France/Corbis/Hemis/Richard Soberka ; **98-99** : LEEMAGE ; **99** : BIOSPHOTO/Michel Poinsignon ; **100** : Cécile THOMAS/eklablog.fr ; **106ht** : BIOSPHOTO/Claudius THIRIET ; **108** : SHUTTERSTOCK

Rabat arrière : « Extrait des Posters Objectifs de Développement Durable de la Fondation GoodPlanet - 2019 - www.ledeveloppementdurable.fr »

Les photographies non référencées ont été réalisées par **Frédéric Hanoteau**.

Édition : Caroline Edenhoffer
Mise en page : Frédérique Buisson
Couverture : Clémentine Largant
Conception graphique : Clémentine Largant, Élise Launay
Schémas : Corédoc, Pierre Bourcier
Illustrations : Marie Gribouille

Ce cahier a été imprimé en France en Mai 2024
par IPS, imprimeur certifié IMPRIM'VERT®
N° de projet : 10301805 – Dépôt légal : avril 2021